Ursula Calis

# Das kleine Buch vom Brotbacken

KOMPASS Küchenschätze

# Ein Wort zuvor

Seit Jahrtausenden ist Brot ein wichtiger Bestandteil der täglichen Ernährung. Die Geschichte beweist, dass die Menschen vor 6000 Jahren bereits Weizen, Gerste oder Hirse kultiviert und angebaut haben.
Für das erste brotähnliche Gebäck wurden diese Getreidesorten zwischen Steinen zerrieben, mit Wasser oder Milch zu einem Brei verrührt und anschließend auf flachen, heißen Steinen getrocknet. Brotfladen dieser Art werden sogar heute noch in vielen Ländern verzehrt. Sie sind die Vorläufer des eigentlichen Brotes, doch erst die Erfindung des Gewölbebackofens in der Jungsteinzeit gab dem Brotbacken einen bedeutenden Auftrieb. In diesem geschlossenen Backraum und unter Verwendung geeigneter Triebmittel war es dann möglich, verschiedene Brotarten herzustellen.
Die sich daraus entwickelte Konstruktion bäuerlicher Holzbacköfen hat sich übrigens bis heute nicht wesentlich verändert. Beheizt wurde der Backofen mit einem starken Holzfeuer im Inneren. Hatte sich ausreichend

Hitze entwickelt, so wurde die Glut heraus - und das vorbereitete Brot hinein geschoben.

Mit der Entdeckung des Sauerteiges perfektionierte sich auch das Brotbacken. Selbst die alten Ägypter pflegten eine hochentwickelte „Brotkultur". Wandmalereien in verschiedenen Tempeln beweisen, dass sie die Verarbeitung des Teiges bestens beherrschten. Sie setzten sogar „Brotstempel" ein, mit denen die Brote vor dem Backen verziert wurden und kannten bereits Backöfen. Von ihnen lernten später die Griechen die Kunst des Brotbackens und gaben ihr Wissen an die Römer weiter. Im Mittelalter entwickelte sich diese Kunst, jedoch erst seit der Erfindung des Buchdruckes konnten Rezepte erfasst und weitergegeben werden. Mit dem Bau von Mühlen ließ sich die Herstellung stetig verbessern. War „weißes" Brot aus ausgemahlenem Getreide vorher nur ein Privileg der Reichen, so konnten nun viele auf bevorzugte Mehlsorten zurückgreifen. Um das Mehl transportierbar zu machen, mussten die leicht verderblichen Bestandteile wie Keimling, Aleuronschicht sowie die Fruchtschale entfernt werden. So entstanden Mehle mit einem hohen Ausmahlungsgrad. Das Bewusstsein für eine gesunde Ernährung in unserer Zeit hat Brot aus vollem Schrot und Korn sowie Zutaten wie Kürbis- oder Sonnenblumenkerne wieder beliebt gemacht. Dabei kommt dem Rohfasergehalt der Fruchtschale eine besondere Bedeutung zu. Diese „Ballaststoffe" binden Wasser und quellen im Verdauungstrakt stark auf. Das Sättigungsgefühl hält länger an.

Wie dieser kurze Rückblick zeigt, hat selbstgebackenes Brot in vielen Kulturen einen hohen Stellenwert eingenommen. Inzwischen sind weltweit über 350 verschiedene Brotsorten erhältlich. Bekannte sowie beliebte Varianten finden Sie im Rezeptteil dieses Buches wieder. Darunter sind Brote aus Sauer- oder Hefeteig, Vollkorn-Gebäcke, Semmeln, süße

Brote und Party-Gebäck für Gäste. Sie entdecken Bekanntes und Beliebtes, das Sie auch auf Ihren Reisen bereits kennen gelernt haben, beispielsweise ein typisch italienisches Olivenbrot oder das bekannte Fladenbrot aus der Türkei. Zudem liefert Ihnen der Einleitungsteil alles Wissenswerte über Getreide, die verschiedenen Mehlsorten, die Teigbearbeitung und das richtige Backen.
Mit diesen Hinweisen wird es Ihnen sicher gelingen, selbstgemachtes Brot in variantenreicher Vielfalt oft und gerne zuzubereiten. Lassen Sie das Backen von Brot doch einmal zu Ihrem kreativen Hobby werden oder probieren Sie doch einfach einmal etwas Neues aus! Ein selbstgebackenes Brot ist auch ein beliebtes Geschenk, das sehr persönlich ist und jeder gerne verzehrt. Beim Nachbacken der verschiedenen Rezeptideen wünsche ich Ihnen stets viel Erfolg und ein gutes Gelingen.

Ihre

Ursula Calis

# Inhalt

Seite

# Einleitungsteil

## Vom Korn zum Mehl

**Das Getreidekorn**
Getreide enthält außer einem hohen Anteil an Kohlehydraten vor allem wertvolle pflanzliche Eiweißstoffe, ungesättigte Fettsäuren, Mineralstoffe Vitamine wie B1, B6 und Folsäure sowie einen erheblichen Anteil an Ballaststoffen. Frucht- und Samenschale, Keimling und Mehlkörper sind die wesentlichen Bestandteile des Getreidekorns.

**Die Getreidearten**
Die zum Brotbacken meist verwendeten Getreidearten sind: Roggen, Weizen, Gerste, Dinkel, Hafer, Mais, Hirse und Buchweizen. Die daraus hergestellten Mehle enthalten - je nach Sorte - mehr oder weniger quellfähige, bindende Eiweißstoffe. Bei der Teigherstellung quellen diese Eiweißstoffe - auch „Kleber" genannt - durch Flüssigkeitszugabe und mechanische Bearbeitung auf. Sie bilden dann im Teig ein Netz aus Eiweiß-

fäden (Kleber-Netz). Das Ausquellen der Eiweißstoffe erfolgt bei Temperaturen von 25 -25°C, ein Gerinnen findet hingegen bei 70°C statt. Daher dürfen Brotteige beim Aufgehen nur schonende Hitze erhalten.
Roggen enthält nur geringe Mengen der kleberbildenden Eiweißstoffe, daher muss Sauerteig die Triebkraft herstellen, oder man mischt Weizen dazu, der eine hohe Kleberbindung (viele Eiweißstoffe) aufweist. Dinkel (Spelz) oder Grünkern sind alte Kulturformen des Weizens mit ähnlichen Eigenschaften. Hafer sowie Gerste mischt man am besten mit anderen Getreidearten. Gleiches gilt für Mais.
Allen letztgenannten Sorten fehlen die hohen Eiweißanteile, die für das Backen notwendig sind. Wird Weizen mit Hirse gemischt, so gelingt das Brot besonders knusprig. Hirse ist zudem sehr eisenhaltig. Buchweizen ist eigentlich keine Getreidesorte, sondern entstammt mehlhaltigen Früchten. Dennoch Buchweizen ist sehr eiweißreich und daher zum Backen von Brot bestens geeignet. Das Gebäck hat dann allerdings eine leicht graue Färbung. Die dunkelbraunen, eher dreieckigen Buchweizensamen schmecken angenehm nussartig.

# Mehlherstellung und Mehltypen

Zur Mehlherstellung werden die gereinigten Körner vermahlen. Je nach Mahlstufe unterscheidet man folgende Feinheitsgrade:

Schrot = grob bis fein zerkleinerte Kornstücke
Grieß = grobes Mehl
Dunst = feiner Grieß
Mehl = sehr fein ausgemahlen

Der Feinheitsgrad liefert jedoch keine Information über den Nährstoffgehalt. Erst der Grad der **Ausmahlung** gibt an, wie hoch der Gewichtsanteil im ganzen Getreidekorn ist, z. B.

niedriger Ausmahlungsgrad = 60 - 70 %, helles Mehl mit geringem Schalenanteil hoher Ausmahlungsgrad = 75 - 85 %, dunkles Mehl mit hohem Nährstoffgehalt

sehr hoher Ausmahlungsgrad = 100%, Vollkornmehl mit allen Bestandteilen des Korns

Auf der Mehlverpackung ist der Ausmahlungsgrad in der Regel angegeben. Je höher er ist, desto höher ist auch die **Mehltypenbezeichnung.** In Österreich kennt man abweichende Zuordnungen, die durch folgende Mischungen ausgeglichen werden können:

| *Mehlsorten* | *Deutschland* | *Österreich* |
|---|---|---|
| Weizenmehl | Type 405 | Type 480 |
| Weizenmehl | Type 550 | 680 g Type 480 + 320 g Type 700 mischen |
| Weizenmehl | Type 1050 | 600 g Type 700 + 400 g Type 1600 mischen |
| Weizenvollkornmehl (Weizenbackschrot, Grahamschrot) | Type 1700 | Type 1800 |
| Roggenmehl | Type 997 | Type 960 |
| Roggenmehl | Type 1150 | 880 g Type 960 + 120 g Type 2500 mischen |
| Roggenvollkornmehl (Roggenbackschrot) | Type 1800 | 600 g Type 960 + 400 g Type 2500 mischen |

Doppelgriffiges Mehl ist Weizenmehl Type 405 mit gröberem Feinheitsgrad. Die Quellzeit ist länger und dieses Mehl benötigt eine höhere Flüssigkeitszugabe. Getreidekörner lagert man, wie auch Mehle, am besten bei Raumtemperatur, jedoch nicht luftdicht. Holzschachteln oder Leinensäcke eignen sich zum Lagern von Korn am besten. Je nach Ausmahlungsgrad sind die einzelnen Mehlsorten begrenzt haltbar. Vor allem Vollkornmehle sollten nur bis zu 4 Wochen in luftdurchlässigen Behältern aufbewahrt werden.

# Getreide selbst mahlen

Der Duft von selbst gemahlenem Getreide ist unvergleichbar gut. Die wertvollen Bestandteile des Korns sind dann am höchsten, wenn das Mehl frisch zubereitet wird und nicht lange abgelagert ist. Für alle, die gerne Selbstgebackenes zubereiten oder täglich ein frisches Müsli verzehren möchten,

lohnt sich die Anschaffung einer **Getreidemühle.** Es gibt sie hand- oder elektrobetrieben, die mit folgenden Mahlwerken ausgestattet sind:

- Scheibenmahlwerk
- Kegelmahlwerk
- Stahlmahlwerk
- Keramikmahlwerk

Elektrische Mühlen lassen sich entweder passend zu einer Küchenmaschine oder als eigenständiges Gerät einsetzen. Kleine Getreidemühlen, die von Hand bedient werden, haben einen niedrigen Anschaffungspreis. Große Mühlen sind nicht nur deutlich teurer, mit ihnen kann man auch den Mahlgrad einstellen, was für die verschiedenen Rezepte sehr hilfreich ist.

# Teiglockerungsmittel

Wichtig für das gute Gelingen eines Brotes sind die Bearbeitung des Teiges durch Kneten mit einer Küchenmaschine oder von Hand sowie die Zugabe von Lockerungsmitteln. Erst durch ihren Einsatz entsteht beim Backvorgang Kohlendioxid, das durch Bildung feiner Poren den Teig lockert. Zum Brotbacken eigenen sich:

- Sauerteig, erhältlich als fertiger Extrakt beim Bäcker bzw. im Reformhaus. Man kann ihn auch problemlos selbst herstellen. Das passende Rezept finden Sie auf der Seite 20, Sauerteig wird dann eingesetzt, wenn Roggenmehl verwendet wird.
- Hefe (Germ), als Frisch- oder Trockenbackhefe
- Backferment
- Backpulver

Brotteige aus Weizenmehl gelingen am besten mit Zugabe von Hefe. Wird sie verwendet, ist es wichtig, besonders gut zu kneten, um ausreichend Luft unter den Teig zu bringen. Ihre volle Triebkraft entwickelt die Hefe jedoch erst bei Einwirkung von Wärme. Daher gehen Hefeteige am besten an gut temperierten Stellen auf. Zugesetzte Flüssigkeiten dürfen jedoch nicht heißer als 37°C sein, damit die empfindlichen Hefe-

bakterien nicht abgetötet werden. Zum Aufgehen eignet sich auch der Backofen, den man 5 Minuten auf 50°C einstellt, dann unbedingt abschaltet und nur zugedeckte Teigschüsseln hineinstellt. Übrigens: gute Backhefe (Germ) sollte stets „frisch" sein, erkennbar an einer gelblich-grauen Farbe und feucht-festen Beschaffenheit.

Man rechnet im Durchschnitt:

- auf 500 g Mehl:
  20 - 30 g Hefe (Germ)
- auf 1 kg Mehl:
  40 - 50 g Hefe (Germ)
- auf 1 kg Mehl:
  150 - 200 g Sauerteig bei kleineren Broten;
  100 - 125 g Sauerteig bei größeren Broten mit längerer Ruhezeit

# Brotaroma, Brotgewürz

Je mehr Zeit ein Brotteig zum „Reifen" hat, desto intensiver können sich die wichtigen **Aromastoffe** entwickeln. Eine lange Teigführung, auch bei Hefeteig ist übrigens das Geheimnis der französischen Baguette-Bäcker, die den Hefeteig bei kühlen Temperaturen über Stunden langsam aufgehen lassen. Diese Methode ist im Haushalt leider jedoch selten anwendbar. Neben Salz - vorzugsweise Meersalz - eignen sich als **Brotgewürz** eine ganze Reihe von frischen bzw. getrockneten Kräutern und Gewürzen. Hierzu gehören beispielsweise Anis, Fenchel oder Dill. Auch Zimt, Nelken, Muskat und Nüsse sind beliebte Zutaten. Für süße Brote braucht man neben Honig oder Mandeln auch Rosinen, Korinthen, Trockenfrüchte aller Art sowie Vanille, Safran und Ingwer. Pikante Brote gelingen mit gerösteten Pinienkernen, Käse- bzw. Speckwürfeln, Oliven, gegarten Zwiebelstückchen, ja sogar Zucchini oder geraspelte Möhren können untergeknetet werden. Zum Bestreuen sind Kümmel, Sonnenblumen- oder Kürbiskerne und Mohn- oder Sesamsamen besonders beliebt. Süßes Gebäck lässt sich neben Zucker auch mit Honig oder Rübensirup süßen. Milch Buttermilch, Joghurt und Quark (Topfen) unterstützen besonders Hefe (Germ)-Teige und geben dem Brot ein feinsäuerliches Aroma.

# Backgeräte, Backformen und weitere Zubehörteile

Neben einer leistungsfähigen Getreidemühle sind ein elektrisches Handrührgerät sowie eine große Küchenmaschine wichtige Handwerksmittel zum Brotbacken. Weiterhin mehrere Rührschüsseln in verschiedenen Größen, eine Küchenwaage, ein Teigroller, ein Sieb, ein Messbecher für Flüssigkeiten, verschiedene Pinsel und Backpapier, das hohe Temperaturen aushalten sollte. Kasten-Backformen sind am besten in einer Größe von 12 x 25 bis 35 cm einsetzbar. Dunkle, schwarz lackierte oder emaillierte Formen nehmen die Backofenhitze besonders gut auf und leiten sie gut an das Brot weiter. In hellen Formen bräunt das Gebäck nicht so gut und benötigt daher eine längere Backzeit bei niedrigerer Temperatureinstellung. Auch gut gewässerte Tonformen sind verwendbar. Einige Backofen-Hersteller bieten sogenannte „Brotbacksteine" mit glasierten oder unglasierten Oberflächen an. Diese müssen bis zu 40 Minuten lang mit dem Backofen vorgeheizt werden, allerdings speichern sie die Hitze dann sehr lange. Brot auf einem Brotbackstein gebacken, erhält das markante Aussehen eines Steinofengebäcks. Auf für ein fortlaufendes Backen z. B. von Semmeln, ist ein Brotbackstein sehr praktisch.

Möchten Sie Korbbrote mit dem typischen Rillenmuster backen, so sollten Sie sich einen länglichen oder runden Korb aus Rohrgeflecht anschaffen, in dem der Brotteig aufgehen kann, bevor man ihn zum Backen vorsichtig auf das Backofen-Backblech stürzt.

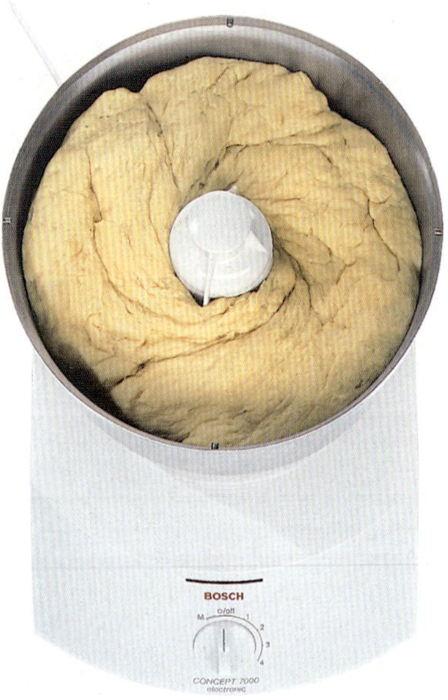

# Temperaturen, Einschubhöhen und Backzeiten

Vorraussetzung für ein gutes Backergebnis ist, dass Sie die Angaben in der Gebrauchsanweisung des Herstellers Ihres Backofens beachten. Es kann dennoch vorkommen, dass man die Temperatureinstellung sowie die Backzeit gelegentlich gemäß den eigenen Erfahrungen nach oben oder unten korrigieren muss.
Einflussfaktoren auf die Wahl der Temperatur sind die Beschaffenheit des Teiges, die Form des Brotes, das Material des Backbleches und die gewünschte Bräunung. Flache Brote, z. B. ein Fladenbrot, bäckt bei hoher Temperatur in kurzer Zeit. Hohe, kompakte Brote aus Roggenmehl oder Mischbrote benötigen eine niedrigere Temperatur und längere Backzeit. In allen Rezepten dieses

Buches sind die Temperaturwerte daher als „Spanne“ angegeben. So erhalten Sie einen Anhaltswert, wie weit Sie herauf- oder herunterschalten können. Beim ersten Ausprobieren eines Rezeptes sollten Sie am besten mit dem unteren Wert beginnen um dann, falls erforderlich, gegen Ende der Backzeit etwas höher zu stellen. Vergleichen Sie die Angaben stets mit denjenigen Ihrer Gebrauchsanweisung. So kann nichts passieren. Ist die Temperatur zu hoch gewählt, so erhält das Brot eine ungleichmäßige Bräunung oder geht zu schnell auf.

Weizenbrote mit Hefe (Germ) backen Sie am besten bei konstanter Temperatur. Für Roggen- oder Mischbrote mit Sauerteig hat sich eine „abfallende“ Temperatur (Vorheizen auf 250 - 270 °C, Ausbacken bei 180 - 200 °C) bewährt.

Dabei beziehen sich die Temperaturangaben dieses Buches auf Backöfen mit Ober- und Unterhitze, da diese Heizfunktion zum Brotbacken ideal ist. Möchten Sie jedoch die jeweiligen Rezepte mit Heißluft zubereiten, so stellen Sie ca. 20 - 30 °C niedriger ein. Hohe, kompakte Brote werden am besten im unteren Drittel des Backofens eingesetzt. Eher flaches Gebäck schiebt man in der Regel in die Mitte ein. Sollten Sie sich einmal nicht sicher sein, so kontrollieren Sie nach ca. 2/3 der Backzeit die Brot-Unterseite. Ist diese bereits gut gebräunt, so ändern Sie die Einschubhöhe. Frisches Brot am besten auf einem Gitterrost auskühlen lassen.

# Vorheizen: ja oder nein?

Seit Einführung des Heißluftbackofens steht auch das Vorheizen wieder zur Diskussion. In diesen Backöfen ist, aufgrund der intensiven Luftumwälzung, ein Vorheizen nicht unbedingt erforderlich. Möchten Sie jedoch Ihr Brot mit Ober- und Unterhitze backen und dabei eine hohe

Temperatur einstellen, so ist das Vorheizen sinnvoll. Moderne Elektro-Backöfen sind in der Regel mit einer Kontroll-Lampe ausgestattet, die aufleuchtet, sobald der Temperaturwähler betätigt wird. Sie erlischt, wenn die eingestellte Temperatur erreicht ist.

# Wichtige Tipps zum Brotbacken und zur Teigbereitung

1. Die Küche sollte gleichmäßig warm und zugleich zugfrei sein.

2. Alle Zutaten rechtzeitig aus dem Vorrats- oder Kühlschrank nehmen. Sie sollten bei Raumtemperatur verarbeitet werden. Flüssigkeiten wie Wasser oder Milch müssen „lauwarm“ sein, d. h. eine Temperatur von 35 - 37 °C aufweisen.

3. Möchten Sie Sauerteig verarbeiten, so verwenden Sie keine Schüsseln aus Aluminium oder Email, besser sind Rührschüsseln aus Kunststoff, Porzellan oder Edelstahl.

4. Geben Sie die Flüssigkeit stets nach und nach zum Teig. Er muss elastisch und fest, d. h. nicht zu weich sein.

5. Für den Brotteig ist ein ausreichendes Kneten des Teiges wichtig. Wird dieser von Hand zubereitet, so sollte die Knetdauer ca. 20 Minuten betragen, die Küchenmaschine benötigt dafür ca. 7 - 10 Minuten je nach Teigbeschaffenheit. Danach erfolgt ein weiteres Durchkneten von Hand: je länger, desto lockerer gelingt das Brot.

6. Teige mit einem hohen Roggenmehlanteil „kleben“ leicht. Lassen Sie das Mehl daher nach der Flüssigkeitszugabe erst für ca. 10 Minuten „quellen“. Kneten Sie erst dann weiter, bis der Teig geschmeidig ist.

7. Der Brotteig sollte genügend Zeit zum Aufgehen haben. Bei Weizenmehl-Teigen reichen die üblichen Zeiten von ca. 20 - 30 Minuten. Brot-Teige mit Sauerteigansatz können bis zu 60 Minuten

benötigen. Die Gehzeiten in den einzelnen Rezepten sind daher nur Richtwerte, die je nach Mehlbeschaffenheit zu wählen sind.

8. Weizenbrote mit Hefe können Sie bei konstanter Temperatur backen. Für Roggen- oder Mischbrote mit Sauerteig hat sich eine „abfallende Temperatur (Vorheizen auf 210 - 230 °C, Ausbacken bei 180 - 200 °C) bewährt.

9. Ist der Teig gut aufgegangen, so sollte er sofort in den ausreichend vorgeheizten Backofen geschoben werden. Geht er zu lange oder kommt er zu spät in den Backofen, so verliert das Brot seine Form.

10. Bewährt hat es sich, beim Brotbacken eine feuchte Atmosphäre im Backofen zu erzeugen. Das erreichen Sie, indem Sie ein hitzebeständiges, flaches Gefäß mit ca. 1/4 Liter heißem Wasser füllen und bereits während der Vorheizzeit auf den Backofenboden stellen. Geben Sie niemals kaltes Wasser direkt auf den heißen Boden, Sie könnten die Backofenemaillierung beschädigen!

11. Eine besonders knusprige Kruste bildet sich, wenn Sie das Brot kurz vor dem Backzeitende mit Wasser bestreichen. Soll die Oberseite glänzen, so überziehen Sie das Brot nach dem Herausnehmen aus dem Backofen mit einer Stärkelösung. Hierzu wird 1/4 l Wasser mit 1 TL Stärkemehl aufgekocht und abgekühlt aufgetragen.

12. Das Brot ist durchgebacken, wenn es beim klopfen auf der Unterseite „hohl“ klingt oder eine Kerntemperatur (Mitteltemperatur von 90 - 95 °C aufweist.

13. Geben Sie die fertigen Gebäcke stets zum Auskühlen oder Ausdampfen auf einen Gitterrost, damit die Feuchtigkeit entweichen kann!

# Brot oder Semmeln richtig aufbewahren

Roggenbrot aus Sauer- oder Hefeteig eignet sich besser zum Aufbewahren, als helles Brot aus Weizenmehl. Wichtig ist jedoch, zur Lagerung luftdurchlässige Behälter oder Gefäße einzusetzen.
Ein Brotkasten oder ein Steinguttopf mit Deckel leisten hierbei gute Dienste. Um Schimmelbefall vorzubeugen, reinigt man den Brotbehälter regelmäßig und achtet dabei darauf, dass er stets gut trocken ist. Auch Semmeln gibt man in den Brotkasten, man kann sie aber auch in durchlässigen Papiertüten kurzzeitig aufbewahren. Brot sollte keinesfalls im Kühlschrank lagern, da es dann viel Feuchtigkeit verliert und austrocknet. Auch Plastikbeutel sind ungeeignet, da sie Feuchtigkeit zurückhalten und dann die Schimmelbildung fördern.
Altes Weißbrot schneidet man am besten in Scheiben und toastet diese.
Semmeln lassen sich, mit Wasser besprüht, schnell im Backofen wieder aufbacken. Gleiches gilt für tiefgefrorenes, dann aufgetautes Brot. Den Geschmack von frischem Brot konserviert man in jedem Fall am besten durch das Einfrieren. In Alufolie fest eingewickelt, lässt sich frische Ware einige Wochen lang lagern. Hierbei das Brot im Ganzen einfrieren und nicht in Scheiben aufschneiden.

# Sauerteigbereitung

Für die Zubereitung von dunklem und kleberreichen Broten mit einem hohen Anteil an Roggenmehl ist der Sauerteig ein wichtiges Lockerungsmittel. Er verleiht dem Brot ein schönes Aufgehen und den typischen, feinsäuerlichen Geschmack. Bei Backbetrieben, die noch selbstgemacht Teige verarbeiten, lässt er sich einkaufen, in einigen Reformhäusern ist er als fertiger Extrakt zu bekommen oder man kann ihn in drei Arbeitsschritten selbst herstellen.

**1. Schritt**
100 g Roggenmehl (z. B. Type 1150) mit 100 ml lauwarmem Wasser (ca. 38 °C) und 1 EL Buttermilch gut vermischen, in ein hohes Porzellangefäß geben, mit einem Tuch abdecken und bei Raumtemperatur ca. 24 Stunden stehen lassen.

**2. Schritt**
Den Sauerteigansatz gut durchrühren, erneut abdecken und weitere 24 Stunden bei Raumtemperatur stehen lassen.

**3. Schritt**
300 g Roggenmehl (z. B. Type 1150) und 200 ml lauwarmes Wasser (ca. 38 °C) mit dem Ansatz gut vermischen, erneut abdecken und 24 Stunden stehen lassen.

Nach Ablauf dieser Zeit stehen 700 g Sauerteig zum Backen bereit. Wird nicht so viel benötigt, so lässt er sich portionsweise für 2 - 3 Monate einfrieren oder man gibt ihn in ein Schraubglas. So ist er gekühlt einige Tage haltbar. Man kann ihn auch mit so viel Roggenmehl verkneten, dass ein krümeliger Teig entsteht, der im Kühlschrank ca. 1 Monat haltbar ist. Zur weiteren Verwendung rührt man wieder so viel lauwarmes Wasser ein, bis die Mischung die gleiche Konsistenz, wie die des Sauerteig-Ansatzes hat.

# Ricotta-Speckbrot mit Roggenmehl

| | |
|---|---|
| 350 g Roggenmehl z. B. von Aurora | 350 ml lauwarmes Wasser |
| 150 g Weizenmehl z. B. von Aurora | 150 g Sauerteig – selbst angesetzt – |
| 150 g magerer Speck | 1 TL Salz |
| 1 Zweig Rosmarin | 1 TL Zucker |
| 200 g Ricotta | 1 TL gem. Kümmel |
| 1 Pa Trockenhefe | 1 EL Kümmel, ganz |
| | Mehl für die Arbeitsfläche |

● Den Speck in kleine Würfel schneiden und in einer beschichteten Pfanne ohne Fett glasig ausbraten, dann herausnehmen und abkühlen lassen. Die Rosmarinnadeln fein hacken. Den

Ricotta in kleine Würfel zerteilen.

● Roggen- und Weizenmehl in einer Rührschüssel mischen. Die Trockenhefe unterziehen, lauwarmes Wasser, Sauerteig, Salz sowie Zucker zugeben und alle Zutaten zu einem glatten Teig verkneten.

● Hierzu am besten die Küchenmaschine einsetzen. Gegen Ende des Knetens Ricotta- und Speckwürfel, gehackten Rosmarin und gemahlenen Kümmel in den Teig einarbeiten.

● Zugedeckt an einem warmen Ort ca. 50 - 60 Minuten gehen lassen.

● Auf bemehlter Arbeitsfläche nochmals durchkneten, zu einem Laib formen und auf ein mit Backpapier ausgelegtes Backblech geben.

● Nochmals ca. 15 Minuten gehen lassen, dann die Oberseite mit Wasser bestreichen und mit ganzem Kümmel bestreuen.

● Im vorgeheizten Backofen bei 180 - 200 °C im unteren Drittel in ca. 60 Minuten abbacken.

● Auf einem Gitterrost auskühlen lassen.

# Norwegisches Kasten-Vollkornbrot nach Bauernart

| | |
|---|---|
| 500 g Weizen-Vollkornmehl | 2 TL Salz |
| 250 g Graham-Mehl | 2 EL Rübensirup |
| 250 g Dinkel | 100 g Sesamsamen |
| 70 g Sauerteig | 100 g Sonnenblumenkerne, gehackt |
| 1 TL Trocken-Backhefe | 50 g Walnusskerne |
| ca. 800 ml lauwarmes Wasser | 100 g Weizenmehl |
| | Butter für die Kastenform |

● Dieses Rezept bereiten Sie am besten abends zu und backen am nächsten Vormittag das Brot.

● Weizen-Vollkornmehl, Graham-Mehl sowie Dinkel

in einer Rührschüssel mischen. In die Mitte eine Vertiefung eindrücken, Sauerteig mit zerbröckelter Hefe hineingeben. Mit der Hälfte der Wassermenge sowie etwas Mehl verrühren. Zugedeckt ca. 20 Minuten stehen lassen, dann Salz, Rübensirup und das restliche Wasser hinzufügen und die Mischung in der Küchenmaschine mehrere Minuten lang zu einem geschmeidigen Teig verarbeiten. Diesen zugedeckt an einem warmen Ort ca. 8 - 10 Stunden lang gehen lassen.

- Sesamsamen, gehackte Walnüsse mit dem Weizenmehl in den Teig einarbeiten. Eine breite Kastenform (Länge 35 cm) einfetten.

- Den Teig mit bemehlten Händen nochmals durchkneten, zu einem länglichen Laib formen und in die Kastenform geben. Zugedeckt gehen lassen, bis er sein Volumen deutlich vergrößert hat, inzwischen den Backofen auf 200 - 220 °C vorheizen.

- Das Brot auf dem Rost im unteren Drittel des Backofens in ca. 60 Minuten backen, dann den Garzustand prüfen, das Brot vorsichtig aus der Form auf ein mit Backpapier ausgelegtes Backblech geben und im abgeschalteten Backofen noch ca. 10 Minuten ausdampfen lassen, danach zum vollständigen Auskühlen auf einen Gitterrost geben.

**Tipp:**
Lockere Sauerteig- oder Vollkornbrote müssen Zeit zum Aufgehen haben. Dabei sind die Zeitangaben in diesem Buch nur Richtwerte, die auch von der Beschaffenheit des Mehles abhängen. Wichtig ist in jedem Fall, dass der Teig sein Volumen sichtbar vergrößert hat. Je nach Jahres- oder Tageszeit ist die Raumtemperatur möglicherweise nicht immer konstant. Stellen Sie den Teig daher in den Backofen und schalten Sie nur die Beleuchtung ein. Sie erreichen dann eine Temperatur von ca. 25 °C, die für das Aufgehen ideal ist.

# Joghurt-Roggenlaib

| | |
|---|---|
| 800 - 900 g Roggenmehl | ca. 1/4 l Wasser |
| 200 g Weizenmehl | 1 EL Salz |
| 250 g Sauerteig – selbst angesetzt – oder 150 g Sauerteig vom Bäcker, mit 100 ml Wasser ergänzt | 1 1/2 TL gem. Kümmel oder Koriander bzw. Fenchel |
| 300 g Vollmilch-Joghurt | Mehl zum Bestreuen und Unterkneten |

● Möchten Sie Sauerteig vom Bäcker verwenden, so muss dieser vor der Verarbeitung mit Wasser glattgerührt werden.

● Roggen- und Weizenmehl in einer Schüssel mischen, eine Vertiefung hineindrücken und den Sauerteig dazugeben. Mit einem Drittel des Mehls zu einem Vorteig verrühren und ca. 1 Stunde gehen lassen.

● Joghurt mit Wasser, Salz sowie Kümmel, Koriander oder Fenchel verrühren, zum Teigansatz geben und am besten mit der Küchenmaschine gut durchkneten.

● Auf bemehlter Arbeitsfläche von Hand so lange weiterkneten, bis der Teig glänzt. Zu einer Kugel formen, diese in eine mit Mehl bestreute Schüssel geben und nochmals ca. 12 - 14 Stunden gehen lassen.

● Greifen Sie dann in die Mitte des zwischenzeitlich um das Doppelte aufgegangenen Teiges. Sie merken, dass Luft entweicht.

● Auf bemehlter Arbeitsfläche die Teigkugel weiterkneten und dabei bei Bedarf noch etwas Mehl einarbeiten. So lange weitermachen, bis der Teig auf der Arbeitsfläche nicht mehr klebt.

● Einen Brotkorb mit einem trockenen Küchentuch auskleiden und den zu einem runden Laib geformten Brotteig hineinlegen.

● Mit einem zweiten Küchentuch zudecken und nochmals 1 - 1 1/2 Stunden gehen lassen.

● Zuletzt auf ein bemehltes Backblech geben und bei ca. 220 °C im vorgeheizten Backofen ca. 70 - 80 Minuten backen.

**Tipps:**
Nachdem der Sauerteig-Ansatz etliche Stunden ruhen muss, ist es sinnvoll, diesen am Vorabend anzusetzen. Das Brot ist durchgebacken, wenn es beim Klopfen auf die Unterseite „hohl" klingt oder eine Kerntemperatur von ca. 90 °C aufweist.

# Westfälisches Weizen-Roggenbrot mit Buttermilch

| | |
|---|---|
| 750 g Weizenmehl (z.B. Type 405) | 3 Päckchen Trockenhefe |
| | 1 EL Meersalz |
| 500 g Roggenmehl (z.B. Type 1370) | 1 EL Blütenhonig |
| | 1 TL gem. Kümmel |
| 1/2 l lauwarme Buttermilch | 1/2 TL weißer Pfeffer |
| ca. 375 ml lauwarmes Wasser | 2 EL gem. Brotgewürz |
| | 1 TL Anis nach Belieben |

- Die beiden Mehlsorten in einer Rührschüssel mischen. In die Mitte eine Vertiefung eindrücken.
- Die Hefe zusammen mit dem Honig in einer Schale mit lauwarmem Wasser auflösen, zum Mehl geben, kurz verrühren. Zugedeckt ca. 20 Minuten gehen lassen.
- Einen Teil des restlichen Wassers, die Buttermilch, Salz, Gewürze sowie Brotgewürz hinzufügen und die Mischung mit dem Elektroquirl mit Knetern oder in der Küchenmaschine zu einem geschmeidigen Brotteig verarbeiten. Diesen von Hand auf bemehlter Arbeitsfläche nochmals durchkneten. Auf ein gut gefettetes Backblech legen und nochmals zugedeckt ca. 15 - 20 Minuten gehen lassen.
- Inzwischen den Backofen auf 240 - 250 °C vorheizen.
- Den sichtbar aufgegangenen Brotlaib mit einem scharfen Messer karoförmig einschneiden, mit Wasser bestreichen und im unteren Drittel des Backofens einschieben. Nach ca. 10 Minuten die Temperatur auf 190 - 210 °C reduzieren und das Brot in 40 - 50 Minuten fertig backen.

**Variation: Sonnenblumenbrot**
Bereiten Sie den Brotteig wie angegeben zu und geben Sie zusätzlich 125 g ganze, geschälte Sonnenblumenkerne hinzu. Nach Belieben bestreichen Sie die Oberfläche mit Wasser und bestreuen sie zusätzlich mit Sonnenblumenkernen. Dann wie angegeben backen.

**Tipps:**
Aus dem Weizen-Roggenteig können Sie auch Semmeln backen. Wählen Sie hierfür eine Temperatur von 210 - 230 °C. Die Backzeit liegt bei ca. 25 - 30 Minuten. Wenn Sie den Teig vor dem Backen mit einem Zahnstocher einstechen, kann mehr Luft entweichen und das Brot oder die Semmeln gehen noch schöner auf.

# Butter-Weizen-Toastbrot aus der Form

| | |
|---|---|
| 20 g frische Hefe (Germ) | 1 1/2 TL Salz |
| 1 EL Zucker | 80 g weiche Butter |
| 350 - 400 ml lauwarme Milch | 2 Kasten-Backformen à 25 cm Länge |
| 800 g Weizenmehl, gesiebt | |

● Die Hefe in einer Rührschüssel, mit dem Zucker und ca. 100 ml warmer Milch mischen. Gut durchmischen und an einem warmen Ort ca. 15 - 20 Minuten gehen lassen.

● Gesiebtes Mehl, restliche Milch, Salz sowie 70 g Butter zum Hefeansatz geben und mit dem Elektroquirl mit Knetern oder in der Küchenmaschine zu einem sehr geschmeidigen Teig verkneten, der Blasen werfen muss und sich gut vom Schüsselrand lösen sollte.

● Zugedeckt nochmals ca. 40 Minuten gehen lassen.

● Die beiden Formen mit der restlichen Butter einfetten.

● Den Teig von Hand nochmals durchkneten, dann halbieren, hierbei jede Hälfte abwiegen, in die Formen geben, glatt streichen und nochmals ca. 30 - 40 Minuten gehen lassen.

● Zwischendurch den Backofen auf 180 - 200 °C vorheizen.

● Die Brote an der Oberseite mittig mit einem spitzen Messer einritzen, nebeneinander auf den Rost in das untere Drittel des Backofens geben und in ca. 30 - 40 Minuten backen. Gegen Ende der Backzeit den Garzustand prüfen.

● Die Brote herausnehmen, vorsichtig aus den Formen auf ein Backblech geben und nochmals 10 - 15 Minuten im abgeschalteten Backofen ausdampfen lassen, dann zum Abkühlen herausnehmen.

**Tipps:**
Das Brot sollte erst 1 - 2 Tage ablagern, bevor man es toastet.

# Baguette (Franz. Stangenweißbrot)

| | |
|---|---|
| 500 g Weizenmehl | 1 EL Keimöl |
| 1 Pa Trocken-Backhefe | ca. 1/8 l lauwarme Milch |
| 1 TL Salz | ca. 1/4 l lauwarmes Wasser |

● Das Weizenmehl in eine Rührschüssel sieben, sorgfältig mit der Hefe vermischen, dann Salz, Öl, Milch und 2/3 der Wassermenge hinzufügen.

● Diesen Ansatz in der Küchenmaschine oder mit dem Elektroquirl mit Knetern erst auf der niedrigen Stufe, dann bei höchster Einstellung ca. 5 Minuten lang zu einem glatten Teig verarbeiten. Dabei das restliche Wasser langsam zugeben.

● Den Teig zugedeckt an einem warmen Ort so lange gehen lassen, bis er sein Volumen deutlich vergrößert hat (ca. 30 - 40 Minuten).

● Auf bemehlter Arbeitsfläche von Hand nochmals durchkneten, in zwei Stücke teilen, daraus jeweils eine ca. 40 cm lange Rolle formen, diese auf ein gefettetes Backblech legen und nochmals zugedeckt gehen lassen.

● Den Backofen auf 220 - 240 °C vorheizen.

● Die Teigoberseiten mit einem scharfen Messer schräg einschneiden, dann mit Wasser bestreichen und die so vorbereiteten Baguette-Brote in ca. 20 - 30 Minuten in der Mitte des Backofens abbacken.

● Herausnehmen und auf einem Gitterrost auskühlen lassen.

**Tipps:**
Sie können aus der Teigmenge auch 4 Rollen formen und jeweils zwei Rollen durch gegenseitiges Verdrehen miteinander verflechten oder Sie legen 2 Teigrollen mit großem Abstand nebeneinander auf ein mit Backpapier ausgelegtes Backblech, dann mit einem scharfen Messer jede Rolle rechts und links einschneiden, so dass ein attraktives, „blätterförmiges" Gebilde entsteht.

# „Pane" - typisch italienisches Weißbrot

| | |
|---|---|
| 1 kg Weizenmehl | ca. 700 ml lauwarmes Wasser |
| 2 Würfel frische Hefe (Germ) | Öl für das Backblech |
| 2 TL Salz | Mehl zum Bestäuben |
| 3 EL Keimöl oder Olivenöl | |

● Dieses Rezept bereiten Sie am besten morgens zu und backen das Brot am Abend.

● Zunächst das Mehl in eine große Schüssel geben, die Hefe hineinbröckeln und das Salz untermischen. Nach und nach das Wasser einarbeiten. Hierzu am besten den Elektroquirl oder die Küchenmaschine einsetzen, dabei mit der niedrigsten Stufe beginnen, damit das Mehl nicht staubt, dann bei höchster Einstellung den Teig ca. 10 Minuten lang kräftig durchkneten, bis er Blasen wirft und sich gut vom Schüsselrand löst.

● Nun den Teig mit etwas Mehl bestäuben, zudecken und einige Stunden an einem kühlen Ort gehen lassen.

● Danach auf bemehlter Arbeitsfläche nochmals kräftig durchkneten, zu einem runden oder länglichen Laib formen, auf ein gefettetes und mit Mehl bestreutes Backblech geben und nochmals ca. 30 Minuten gehen lassen.

● Inzwischen den Backofen auf 250 °C vorheizen, das Brot einsetzen, sofort die Temperatur auf 170 - 190 °C reduzieren und das Weißbrot ca. 70 Minuten backen.

● Aus dem Backofen nehmen, auf einem Gitterrost auskühlen lassen und noch frisch servieren.

**Interessant für Sie:**
Haben Sie etwas Geduld! Ein Hefe (Germ)-Teig, der langsam aufgeht, entwickelt besser sein volles Aroma. Daher ist das Besondere an diesem Rezept die lange „Teigführung", die in Italien, aber auch in Frankreich, gerne bei Weißbroten angewandt wird.

# Spanisches Maisbrot

| | |
|---|---|
| 250 g Maismehl | 1/4 TL Zucker |
| 1 TL Salz | 1 EL Sonnenblumenöl |
| 200 ml heißes Wasser | 250 g Weizenmehl z. B. Type 405 |
| 1 Würfel frische Hefe (Germ) - 42 g - | Butter und Semmelbrösel für die Form |
| ca. 200 ml lauwarmes Wasser | Mehl für die Arbeitsfläche |

● 200 g Maismehl mit dem Salz sowie dem heißen Wasser verrühren, ca. 10 Minuten quellen lassen, dann unter beständigem Rühren zum Abkühlen bringen.

● Inzwischen die Hefe zerbröckeln, in einer Rührschüssel mit Zucker sowie lauwarmem Wasser auflösen und zugedeckt an einem warmen Ort ca. 20 30 Minuten gehen lassen.

● Den Hefenansatz, das restliche Maismehl, Sonnenblumenöl und Weizenmehl unter den nun lauwarmen Maisbrei mischen.

● In der Küchenmaschine oder mit dem Elektroquirl mit Knetern einige Minuten lang kräftig durchkneten.

● Nochmals ca. 30 - 40 Minuten gehen lassen, danach nochmals gut von Hand durchkneten und bei Bedarf noch etwas Weizenmehl einarbeiten.

● Den Teig in eine gefettete, mit Semmelbröseln ausgestreute Kastenform aus dunklem Material (Länge 30 cm) füllen, abdecken und weitere 30 Minuten gehen lassen.

● Inzwischen den Backofen auf 180 - 200 °C vorheizen.

● Den Teig mit Wasser bestreichen, nach Belieben mit einem spitzen Messer mittig leicht einritzen, im unteren Drittel des Backofens einsetzen und in ca. 40 - 50 Minuten goldbraun abbacken.

● Das Brot aus dem Backofen nehmen, ausdampfen lassen, dann vorsichtig auf einen Gitterrost stürzen und vollständig auskühlen lassen.

# Gefüllte Hefe (Germ)-Brotrolle

Teig:
200 ml Milch
30 g Butter
20 g frische Hefe (Germ)
500 g Weizenmehl
1 1/2 - 2 TL Salz

Füllung:
3 mittlere Zwiebeln
70 g Butter
100 g magerer, durchwachsener Speck
3 Bund frische Petersilie
grob geschroteter Pfeffer
Backpapier

● Die Hälfte der Milch leicht erwärmen und die zerbröckelte Hefe darin auflösen. Die Mischung an einem warmen Ort ca. 15 Minuten zugedeckt gehen lassen.

● Die restliche Milch mit ca. 100 ml Wasser mischen, erwärmen und

die Butter darin schmelzen. Zusammen mit Mehl sowie Salz zum Hefe (Germ)-Ansatz geben.

● In der Küchenmaschine oder mit einem Elektroquirl mit Knetern kräftig durcharbeiten, bis der Teig Blasen wirft.

● Ca. 2 Stunden lang zugedeckt gehen lassen.

● Inzwischen die Füllung vorbereiten. Hierzu die Zwiebeln schälen, sehr fein hacken und in der Butter glasig dünsten, in eine Schüssel geben und abkühlen lassen.

● Den Speck fein würfeln. Die Petersilie waschen, sehr gut trocken tupfen und klein hacken. Beides unter die Zwiebeln mischen. Mit grobem Pfeffer würzen.

● Den Hefeteig auf bemehlter Arbeitsfläche zu einem Rechteck von ca. 30 - 40 cm ausrollen. Mit der Petersilienmischung bestreichen, dann von der schmalen Seite her fest aufrollen.

● Das Backblech mit Backpapier auslegen und den Brotteig mit der Naht nach unten darauf geben. Nochmals 20 - 30 Minuten gehen lassen.

● Inzwischen den Backofen auf 200 - 220 °C vorheizen. Das Brot mit einer Gabel mehrfach einstechen, dann einschieben, ca. 20 Minuten in der Hitze belassen, dann die Temperatur auf 160 - 180 °C reduzieren und in 30 - 40 Minuten fertig backen.

● Das Brot aus dem Backofen nehmen, sofort mit kaltem Wasser bestreichen und auf einem Gitterrost auskühlen lassen.

**Tipp:**
Nach Belieben können Sie auch 50 - 60 g geröstete Pinienkerne unter die Füllung mischen.

# Südländisches Fladenbrot

| Teig: | Belag: |
|---|---|
| 500 g Weizenmehl | 2 - 3 EL Keimöl |
| 2 Pa Trockenhefe | 1 EL Rosmarinnadeln |
| 1 TL Salz | 2 EL Pinienkerne nach Belieben |
| ca. 350 ml lauwarmes Wasser | grobes Meersalz |

● Das Weizenmehl mit der Hefe in einer Rührschüssel mischen, Salz sowie 2/3 der Wassermenge hinzufügen.

● Mit dem Elektroquirl mit Knetern erst auf der niedrigsten Stufe durchmischen, dann auf der höchsten Stufe so lang weiterkneten, bis der Teig sich vom Schüsselrand löst. Dabei das restliche Wasser nach und nach einarbeiten. Zuletzt den Teig auf bemehlter Arbeitsfläche von Hand kräftig durchkneten.

● Mit einem Küchentuch bedeckt an einem warmen Ort gehen lassen (ca. 20 - 30 Minuten).

● Das Backblech dünn mit Öl bestreichen und den Backofen bei höchster Einstellung (250 - 275 °C) vorheizen.

● Aus dem Hefeteig von Hand einen größeren, flachen, runden Fladen formen, diesen an der Oberseite mit dem Handrücken mehrfach leicht eindrücken, auf das vorbereitete Backblech geben und nochmals ca. 10 - 15 Minuten gehen lassen.

● Den Brotteig mit Öl beträufeln und mit Rosmarinnadeln, Pinienkernen, sowie grobem Salz nach Belieben bestreuen, dann ca. 12 - 20 Minuten in der Mitte des Backofens abbacken.

● Zum Auskühlen auf einen Gitterrost legen.

**Tipp:**
Aus einem frischen Fladenbrot lässt sich einfach etwas Raffiniertes für liebe Gäste vorbereiten. Eine passende Idee finden Sie auf der Seite 86.

# Schwedische Gewürzbrote aus der Form

(für 2 Kastenformen mit 25 cm Länge)

| | |
|---|---|
| 750 g Roggenmehl | 250 ml lauwarmes Wasser |
| ca. 60 g frische Hefe (Germ) | 1 1/2 TL Salz |
| 1/2 TL Zucker | je 1/2 TL gem. Koriander, Kardamom, Nelken- und Zimtpulver |
| 125 ml helles Bier | etwas frisch ger. Muskat |
| 80 g weiche Butter | abgeriebene Schale 1/2 unbehandelten Zitrone |
| 80 g Sirup oder flüssiger Honig | Butter und Semmelbrösel für die Formen |
| 250 g Weizen-Vollkornmehl | |

● Das Roggenmehl in eine Rührschüssel geben, in die Mitte eine Vertiefung eindrücken und die Hefe hineinbröckeln. Den Zucker darüber streuen. Das Bier auf ca. 37 °C erwärmen, ca. 5 EL ab-

gießen, den Rest mit der Hefe sowie etwas Mehl verrühren. Den so angesetzten Vorteig an einem warmen Ort gehen lassen, bis er sichtbar aufgegangen ist.

● Butter und Sirup oder Honig, Weizen-Vollkornmehl, Wasser, Salz, Gewürze und abgeriebene Zitronenschale hinzufügen. Diese Mischung nun am besten in der Küchenmaschine kräftig durchkneten (ca. 7 Minuten), dann mit einem Küchentuch bedeckt nochmals ca. 1 - 1 1/2

Stunden - je nach Raumtemperatur - gehen lassen.

● Den Teig von Hand nochmals durchkneten. Die Kastenformen mit Butter einfetten und mit Semmelbröseln ausstreuen.

● Den Backofen auf 200 - 220 °C vorheizen.

● Den Brotteig halbieren, hierzu am besten eine Waage einsetzen, um die Menge nachzuwiegen und auf die Formen verteilen. Nochmals ca. 20 Minuten gehen lassen, dann mit dem restlichen Bier bestreichen, mittig leicht einritzen und im unteren Drittel des Backofens ca. 50 - 60 Minuten backen.

● Die Formen herausnehmen, ausdampfen lassen, dann die Brote vorsichtig aus der Form auf einen Gitterrost stürzen und vollständig auskühlen lassen.

**Tipp:**
Brote bräunen besser, wenn sie in dunklen Formen gebacken werden. Helle Formenmaterialien reflektieren die Hitze und die Brote müssen darin länger backen.

# Vollkorngebäck

## Vollwertiges Walnussbrot

| | |
|---|---|
| 500 g Weizen-Vollkornmehl | 750 ml lauwarmes Wasser |
| 250 g frisch geschroteter Weizen | 1 EL Meersalz |
| 250 g Dinkelmehl | 1/2 TL Zucker oder Sirup |
| 80 g Sauerteig | 300 g Walnusskerne |
| 1/2 Pa Trocken-Backhefe (Germ) | 100 g Weizenmehl |
| | Butter und Semmelbrösel für die Form |

● Am besten morgens die verschiedenen Mehlsorten in einer Rührschüssel mischen. In die Mitte eine Vertiefung eindrücken. Sauerteig, Hefe und ca.

300 ml warmes Wasser hineingeben. Mit etwas Mehl verrühren. Zugedeckt ca. 30 - 40 Minuten gehen lassen.

● Salz sowie Zucker oder Sirup im übrigen Wasser auflösen und zum Vorteig geben. In der Küchenmaschine zu einem geschmeidigen Teig verkneten. Gut zugedeckt ca. 8 - 10 Stunden gehen lassen.

● Die Hälfte der Walnusskerne in einer Mandelmühle fein mahlen, die restlichen Kerne grob hacken.

● Eine breite Kastenform (Länge ca. 35 cm) mit Butter einfetten, dann mit Semmelbröseln ausstreuen. Kühl stellen, damit die Butter wieder fest wird.

● Nüsse sowie Weizenmehl zum Teig geben und

nochmals kräftig durchkneten.

● Nun den Brotteig zu einem Laib formen, diesen in die Kastenform geben, dann nochmals gehen lassen, bis er sein Volumen deutlich vergrößert hat. Hierzu ca. 1 - 1 1/2 Stunden einplanen.

● Dann den Backofen auf 210 - 230 °C vorheizen. Den Teig mit Wasser bestreichen, die Form in den Backofen (unteres Drittel) setzen und zunächst bei der eingestellten Temperatur ca. 10 Minuten backen, dann auf 180 - 190 °C reduzieren und weitere 65 - 75 Minuten backen. Zur Sicherheit prüfen, ob das Brot durchgebacken ist. Bei Bedarf noch einige Minuten verlängern, dann aus dem Ofen nehmen, ausdampfen lassen und zum Auskühlen auf einen Gitterrost stürzen.

**Hinweise:**
Die Zubereitung dieses Nussbrotes ist zwar aufwendig, Sie erhalten jedoch ein besonders gut schmeckendes Brot. Die Hälfte der Walnüsse können Sie auch durch Haselnüsse ersetzen. Der Teig lässt sich bei Bedarf auch auf 2 kleinere Kastenformen aufteilen, die Sie nebeneinander abbacken können.

# Zwiebelbrot

| | |
|---|---|
| 500 g Zwiebeln | 1 1/2 Pa Trocken-Backhefe (Germ) |
| 50 g Butter | 3 TL Meersalz |
| frisch gem. weißer Pfeffer | 1 Ei |
| 1 Prise Muskat | 300 ml lauwarmes Wasser |
| 750 g Weizenvollkornmehl | |

● Die Zwiebeln schälen, würfeln und in der Butter glasig dünsten. Abkühlen lassen.

● Das Mehl in eine Rührschüssel geben, mit Hefe sowie Salz mischen, dann Ei, Wasser und die vorbereiteten Zwiebeln dazugeben.

● Mit dem Elektroquirl mit Knetern oder in der Küchenmaschine erst bei niedriger Einstellung mischen, dann auf höchster Stufe in ca. 5 - 7 Minuten zu einem glatten Teig verkneten. Sollte der Teig noch zu fest sein, noch etwas Wasser dazugeben.

● An einem warmen Ort so lange gehen lassen, bis er sein Volumen deutlich vergrößert hat.

● Nun den Teig aus der Schüssel nehmen, von Hand nochmals durchkneten, dann einen runden Brotlaib formen, diesen auf ein gefettetes Backblech geben und nochmals gehen lassen.

● Den Backofen auf 200 - 220 °C vorheizen, die Teigoberfläche mit Wasser bestreichen und kreuzweise einschneiden, dann im unteren Drittel des Backofens in ca. 50 - 60 Minuten backen. Das fertige Brot herausnehmen und auf einem Gitterrost auskühlen lassen.

**Tipps:**
Geben Sie bereits während der Vorheizzeit eine Schale aus hitzebeständigem Material, mit 1/4 l heißem Wasser gefüllt, auf den Backofenboden. So kann Feuchtigkeit im Gerät entstehen, die das Zwiebelbrot knuspriger werden lässt. Attraktiv lässt sich das Brot wie folgt servieren:

Zunächst halbieren, dann vierteln, je 2 Viertel in einer Richtung aufschneiden, die anderen beiden Viertel in Gegenrichtung aufschneiden, dann das Brot wieder zusammensetzen und in einen runden Brotkorb legen.

# Kräftiges Sonnenblumenkern-Vollkornbrot

| | |
|---|---|
| 500 g Weizen-Vollkornmehl (Weizen- bzw. Grahamschrot) | 200 ml lauwarmes Wasser |
| 250 g Weizenmehl | 1/4 l lauwarme Buttermilch |
| 80 g Weizen- oder Haferkleie | 1 EL Salz |
| 1 Würfel frische Hefe (Germ) | 125 - 150 g Sonnenblumenkerne, z. B. aus den USA |
| | 1/8 l heiße Milch |

● Die beiden Mehlsorten zusammen mit der Weizen- oder Haferkleie in einer größeren Schüssel mischen. In die Mitte eine Mulde eindrücken, die Hefe hineinbröckeln, mit dem Wasser mischen und mit etwas Mehl verrühren. Zugedeckt an einem warmen Ort ca. 30 Minuten gehen lassen.

● Nun Buttermilch mit Salz hinzufügen und alles zu einem glatten, geschmeidigen Teig verarbeiten. Hierzu am besten die Küchenmaschine einsetzen. Falls der Teig zu fest sein sollte, noch etwas lauwarm Flüssigkeit einarbeiten.

● Anschließend von Hand

weiterkneten, bis der Teig geschmeidig ist.

- Bei Raumtemperatur erneut gehen lassen.
- Die Hälfte der Sonnenblumenkerne mit heißer Milch übergießen und zum Ausquellen ca. 30 Minuten lang stehen lassen. Gut abgetropft unter den Teig kneten, dann die Teigmenge halbieren, zwei runde Laibe formen, diese jeweils mit etwas Milch bestreichen, kreuzweise einschneiden und mit den restlichen Sonnenblumenkernen bestreuen.
- Auf ein gefettetes, mit Mehl bestäubtes Backblech geben und nochmals gehen lassen.
- Inzwischen den Backofen auf 210 - 230 °C vorheizen, die Brot einsetzen und nach ca. 20 Minuten Backzeit die Temperatur auf 160 - 180 °C reduzieren.
- Die Brote noch ca. 30 - 40 Minuten weiterbacken lassen.
- Herausnehmen und zum Auskühlen auf einen Gitterrost geben.

# Knuspriges Mehrkornbrot mit Leinsamen

- 250 g grob geschroteter Weizen
- 400 g fein gemahlener Weizen
- 125 g Leinsamen
- 125 g Sesamsamen
- 60 g frische Hefe (Germ)
- 1 Prise Zucker
- 500 ml lauwarmes Wasser
- 1 EL Meersalz
- Butter und Mehl für das Backblech

● Die beiden Weizenmehle zusammen mit den Lein- sowie Sesamsamen in einer größeren Schüssel mischen. In die Mitte eine Vertiefung eindrücken, die Hefe hineinbröckeln, mit Zucker, etwas Wasser sowie 1 - 2 EL Mehl mischen und zudecken. An einem warmen Ort ca. 30 Minuten gehen lassen.

● Das restliche Wasser mit Salz hinzufügen, dann den Teig mit dem Elektroquirl mit Knetern oder in der Küchenmaschine zu einem geschmeidigen Teig verarbeiten. Falls dieser zu fest sein sollte, noch etwas Flüssigkeit einarbeiten. Anschließend von Hand weiterkneten, bis die Teigoberfläche leicht glänzt.

● Das Backblech einfetten, mit Mehl leicht bestäuben. Aus dem Teig ein längliches Brot formen, dieses auf das Backblech legen und zugedeckt weitere 30 - 40 Minuten gehen lassen.

● In der Zwischenzeit den Backofen auf 220 - 240 °C vorheizen, dabei eine hitzebeständige Schale mit 1/4 l heißem Wasser auf den Backofenboden stellen.

● Den Brotteig mit Wasser bestreichen, dann mit einer Gabel mehrfach einstechen und das Backblech im unteren Drittel des Backofens einschieben. Etwa 10 - 15 Minuten bei der hohen Temperatur belassen, dann die Wasserschale herausnehmen, die Temperatur auf 190 - 210 °C reduzieren und das Brot weitere 40 - 50 Minuten backen. Je nach Garzustand nach 5 - 10 Minuten im abgeschalteten Backofen ausdampfen lassen.

● Herausnehmen und zum Abkühlen auf einen Gitterrost geben.

**Tipp:**
Hefe (Germ)-Brot aus Weizenmehl bräunen stärker, als Brote aus Vollkorn- oder Roggenmehl. Prüfen Sie daher nach ca. der Hälfte der Backzeit die Brotunterseite. Sollte diese bereits gut gebräunt sein, so setzen Sie das Backblech in die Mitte ein.

# Buchweizensemmeln

| | |
|---|---|
| 300 g Buchweizen | 1 TL Waldhonig |
| 100 g Weizen | 300 g saure Sahne (Rahm) |
| 40 g frische Hefe (Germ) | 3 TL Salz |
| ca. 150 ml lauwarmes Wasser | 75 g weiche Butter oder Margarine |

● Zunächst den Buchweizen in der Getreidemühle grob schroten, beiseite stellen. Nun den Weizen fein mahlen. Beide Mehlsorten in einer Rühr-

schüssel mischen.

● In die Mitte eine Vertiefung eindrücken. Die frische Hefe hineinbröckeln, mit etwas lauwarmem Wasser sowie dem Honig zu einem dicklichen Brei verrühren. Etwas Mehl darüber stäuben und zugedeckt ca. 15 - 20 Minuten an einem warmen Ort gehen lassen.

● Anschließend die saure Sahne, das restliche Wasser, Salz und Fett dazugeben.

● Mit dem Elektroquirl mit Knethaken oder in der Küchenmaschine zu einem glatten Teig verarbeiten, der sich gut vom Schüsselrand lösen muss.

● Aus dem Teig runde Semmeln formen, diese auf ein mit Backpapier ausgelegtes Backblech geben, mit einem Küchentuch abdecken und nochmals 10 - 15 Minuten gehen lassen.

● Inzwischen den Backofen auf 230 - 250 °C vorheizen.

● Die Semmeln mit etwas kaltem Wasser bestreichen, dann auf der mittleren Schiene in ca. 18 - 20 Minuten backen.

# Einfaches Grahambrot

- 400 g Weizenmehl
- 400 g Weizenvollkornmehl (Grahamschrot)
- 1 Würfel frische Hefe (Germ), 1 Prise Zucker
- 500 - 600 ml lauwarme Milch
- 1 TL Meersalz
- 1/8 l Keimöl
- etwas Mehl zum Bestäuben

● Die beiden Mehlsorten in einer Rührschüssel mischen, in die Mitte eine Vertiefung eindrücken, die Hefe hineinbröckeln, Zucker dazugeben und mit ca. 200 ml Milch verrühren. Etwas Mehl einarbeiten, dann zugedeckt ca. 15 - 20 Minuten an einem warmen Ort gehen lassen.

● Einen Teil der restlichen Milch, Salz und Öl zum Vorteig geben.

● Mit dem Elektroquirl mit Knetern oder in der Küchenmaschine mehrere Minuten lang zu einem geschmeidigen Teig verarbeiten. Je nach Beschaffenheit, die restliche Milch einarbeiten. Nochmals ca. 30 Minuten gehen lassen, dann von Hand zu einem ovalen Brotlaib formen. Diesen auf ein gefettetes, bemehltes Backblech legen und zugedeckt weitere 15 Minuten ruhen lassen.

● Inzwischen den Backofen auf 180 - 200 °C vorheizen.

● Das Brot mit etwas Mehl bestäuben und im unteren Drittel des Backofens ca. 45 - 55 Minuten backen, herausnehmen und auf einem Gitterrost auskühlen lassen.

**Interessant für Sie:**
Das vielerorts in Reformhäusern angebotene Grahammehl ist ein Weizenvollkornmehl bzw. Weizenbackschrot, das den Namen des amerikanischen Arztes „Graham" trägt, der Brote mit vollwertigen Zutaten entwickelte.

# Vital-Gewürzbrot

| | |
|---|---|
| 700 g Roggen-Vollkornmehl | 60 - 80 g Sauerteigansatz (ca. 1 Tasse) |
| 600 g Weizen-Vollkornmehl | 3 EL gem. Brotgewürz |
| 200 g geschälter Hafer, fein gemahlen | 2 EL Meersalz |
| 250 g geschälte Sonnenblumenkerne | ca. 1 Liter lauwarmes Wasser |
| 2 EL Waldhonig | Öl, Mehl für das Backblech |
| 40 g Hefe (Germ) | |

● In einer größeren Knetschüssel die verschiedenen Mehlsorten mit dem Hafer sowie den Sonnenblumenkernen mischen. Brotgewürz und Salz unterziehen.

● Die Hefe mit dem Honig in 1 Tasse lauwarmem Wasser auflösen, dann ca. 10 Minuten gehen lassen. Die Mischung zusammen mit dem Sauerteigansatz zum Mehl geben und 3/4 der restlichen Wassermenge hinzufügen.

● Alles zusammen, eventuell unter Einsatz der Küchenmaschine, gut verkneten. Ist der Teig noch zu fest, Wasser hinzufügen und gleichmäßig weiterkneten.

● Von Hand weiterkneten, bis der Teig geschmeidig ist und etwas glänzt.

● In ein Brotkörbchen legen, mit einem feuchten Tuch zudecken und 1 - 1 1/2 Stunden an einem warmen Ort gehen lassen.

● Aus dem Korb auf ein gefettetes, mit Mehl bestäubtes Backblech geben, an der Oberseite dünn mit Wasser bestreichen, nach Belieben rautenförmig einritzen und in das untere Drittel des auf 210 - 230 °C vorgeheizten Backofens schieben.

● Nach ca. 20 Minuten die Temperatur auf 170 - 190 °C reduzieren und das Brot weitere 70 Minuten backen lassen.

# Roggen-Kürbisbrot

| | |
|---|---|
| 350 g Roggenvollkornmehl | 230 ml lauwarmes Wasser |
| 200 g Weizenmehl | 100 g Sauerteig |
| 1 Pa Trocken-Backhefe (Germ) | 50 g Pinienkerne (Pignioli) |
| 300 g Fruchtfleisch von einem reifen Kürbis | 50 g Kürbiskerne |
| 30 ml frischer Orangensaft | 2 TL Meersalz |
| 2 TL frische Dillspitzen | 1 TL Zucker |
| | Fett und Mehl für das Backblech |

● Das Kürbis-Fruchtfleisch in kleine Würfel schneiden, zusammen mit dem Orangensaft in einen Topf geben und unter beständigem Rühren ca. 8 - 10 Minuten dünsten. Mit Dill sowie Zucker würzen, dann weiter erhitzen, bis die Flüssigkeit vollständig verkocht ist. Zum Abkühlen auf eine flache Porzellanplatte geben.

● Roggen- mit Weizenmehl in eine größere Rührschüssel geben, die Trocken-Backhefe gleichmäßig darunter mischen, Lauwarmes Wasser, Sauerteig, die abgekühlten Kürbiswürfel und Salz hinzufügen.

● In der Küchenmaschine oder mit dem Elektroquirl zu einem geschmeidigen Teig verkneten. Je 40 g Pinien - sowie Kürbiskerne einarbeiten.

● Aus dem Teig einen länglichen Brotlaib formen, diesen in einen bemehlten Brotkorb geben und zugedeckt 60 - 70 Minuten gehen lassen.

● Das Backblech einfetten, mit Mehl bestäuben, den Teig vorsichtig aus dem Korb auf das Backblech stürzen, die Oberseite mit Wasser bestreichen und mit den restlichen Kernen bestreuen. Nochmals gehen lassen.

● Inzwischen den Backofen auf 200 - 220 °C vorheizen, das Brot einsetzen und 10 Minuten bei dieser Temperatur anbacken, dann auf 170 - 190 °C reduzieren und in ca. 50 Minuten fertig backen.

● Zuletzt auf einen Gitterrost geben und vollständig auskühlen lassen.

# „Kerndl"-Sternbrot

(Abb. Seite 50, Mitte)

| | |
|---|---|
| 170 g Sonnenblumenkerne, z. B. aus den USA, etwas Butter | 2 TL gem. Kümmel |
| 40 g frische Hefe (Germ) | 1 EL gem. Koriander |
| 2 TL Salz | 6 EL Sonnenblumenöl |
| ca. 300 ml lauwarmes Wasser | 150 g Roggenvollkornmehl (Roggenbackschrot) |
| 350 g Weizenvollkornmehl (Weizenbackschrot) | 1 Eigelb (Eidotter) |
| | Mehl für die Arbeitsfläche |

● 150 g Sonnenblumenkerne in etwas Butter rösten. Hierzu am besten eine beschichtete Pfanne verwenden.

● Das Weizenvollkornmehl mit Kümmel sowie Koriander mischen. Die Hefe mit dem Salz in etwas lauwarmem Wasser auflösen. Mit dem restlichen Wasser zum Mehl geben und 5 - 10 Minuten in der Küchenmaschine kräftig durchkneten.

● Nun 5 EL Öl sowie das Roggenmehl hinzufügen, dann weiterkneten, bis der Teig locker und elastisch ist. Zuletzt die Sonnenblumenkerne kurz unterziehen.

● Aus dem Teig mit bemehlten Händen eine Kugel formen, diese zugedeckt an einem eher kühlen Ort ca. 1 Stunde lang gehen lassen.

● Den Teig nochmals von Hand durchkneten, mit einem Teigroller ca. 2 cm rundlich flach ausrollen, auf ein gefettetes und mit Mehl bestreutes Backblech legen, dann zum weiteren Aufgehen ca. 20 Minuten stehen lassen.

● Inzwischen den Backofen auf ca. 200 °C vorheizen.

● Eine runde, nasse Ausstechform (Ø ca. 7,5 cm) in die Mitte des Brotes eindrücken und den Rand mit einem scharfen Messer 6 - 7 mal einschneiden.

● Eigelb (Eidotter) mit 1 TL Wasser und 1 EL

Sonnenblumenöl verquirlen. Das Brot damit bestreichen, dabei die Einschnitte freilassen.

● Die restlichen Sonnenblumenkerne in die Mitte geben, dann das Brot in das untere Drittel des Backofens einschieben.

● Die Backzeit beträgt ca. 40 - 50 Minuten.

# Semmeln & Co

## Vinschger Paarlen

| | |
|---|---|
| 600 g helles Roggenmehl | 1/2 EL Anis |
| 600 g dunkles Roggenmehl | 1 1/2 Pa fertiger Sauerteig oder 250 g selbst angesetzter Sauerteig |
| 150 g Weizenmehl | ca. 3/4 l lauwarmes Wasser |
| Fenchel, Kümmel, Brotklee | |
| 1 EL Salz | |

● Die Mehlsorten mit den Gewürzen, dem Salz und Anis mischen. In die Mitte eine Mulde eindrücken, den Sauerteig hineingeben und etwas Wasser angießen. Alles langsam zu einem weichen Teig verkneten, dabei das restliche Wasser nach und nach hinzufügen.
Ca. 30 - 45 Minuten oder etwas länger gehen lassen. Den Backofen auf 250 °C vorheizen.

● Faustgroße Stücke abteilen, davon jeweils zwei nebeneinander auf ein gefettetes und bemehltes Blech legen und zugedeckt nochmals ca. 15 - 20 Minuten gehen lassen, dann in den Backofen geben und diesen auf 200 °C herunterschalten.

● Die Brote ca. 20 - 30 Minuten backen, dann gegebenenfalls den restlichen Teig auf gleiche Weise abbacken.

# Nordisches Brötchen-Rad

(Abb. Seite 50, oben)

| | |
|---|---|
| 600 g Weizenmehl z. B. Type 550 | ca. 500 ml lauwarme Buttermilch |
| 600 g Roggenmehl z. B. Type 1150 | 1 1/2 EL Salz |
| 100 g frische Hefe (Germ) | 1 EL Koriander |
| 1 EL Zucker | je 1 Tasse Mohn, Sesamsamen und geröstete Sonnenblumenkerne (z. B. aus den USA) zum Bestreuen |
| 200 ml lauwarmes Wasser | |
| 350 g Quark (Topfen) | Backpapier |

● Die beiden Mehlsorten in einer Rührschüssel mischen, in die Mitte eine Vertiefung eindrücken und die Hefe hineinbröckeln. Mit Wasser, Zucker sowie etwas Mehl zu einem dicklichen Brei verrühren. Zugedeckt an einem warmen Ort ca. 30 Minuten gehen lassen.

● Inzwischen den Quark (Topfen) auf ein Sieb zum Abtropfen geben. Mit 2/3 der Buttermilch sowie Salz und Koriander zum Mehl-Hefegemisch geben.

● Nun den Brotteig am besten in der Küchenmaschine kräftig durchkneten und bei Bedarf die restliche Buttermilch einarbeiten. Von Hand auf bemehlter Arbeitsfläche so lange weiterkneten, bis der Teig feinporig und geschmeidig ist.

● Die Teigmenge zuerst halbieren, dann vierteln und so lange weiter aufteilen, bis ca. 30 Stücke entstanden sind. Aus jedem Teigstück mit bemehlten Händen eine runde Kugel formen. Diese darf keine Risse aufweisen, sonst ist der Teig zu fest geraten.

● Das Backblech mit Backpapier auslegen. Vier Teigkugeln dicht nebeneinander in die Mitte plazieren, die anderen Teigstücke kreisförmig eng aneinander darum verteilen.

● an der Oberseite mit Wasser oder restlicher Buttermilch bestreichen und abwechselnd mit Mohn, Sesamsamen oder gerösteten Sonnenblumenkernen bestreuen.

● Zugedeckt nochmals 30 - 40 Minuten gehen lassen.

● Den Backofen rechtzeitig auf 210 - 230 °C vorheizen. Das Backblech einsetzen, 15 Minuten bei der eingestellten Temperatur backen lassen, dann auf 170 - 190 °C reduzieren und das Brötchenrad in 18 - 25 Minuten fertig backen.

● Aus dem Backofen nehmen, vom Blech auf einen Gitterrost geben und auskühlen lassen.

# Korn-Knacker

(Abb. Seite 50, unten)

| | |
|---|---|
| 75 g ganze Weizenkörner | 1 EL Leinsamen |
| ca. 1/4 l heißes Wasser | 2 EL Sonnenblumenkerne |
| 300 g fein gem. Weizen | 1 TL Salz |
| 150 g mittelgrob geschroteter Roggen | 1 TL Honig |
| 50 g Sojamehl | ca. 1/4 l lauwarmes Wasser |
| 1 1/2 Pa Trocken-Backhefe (Germ) | Sonnenblumenkerne zum Bestreuen |
| 1 EL Sesamsamen | Mehl zum Ausrollen |

● Am Vortag oder einige Stunden vor dem Backen die ganzen Weizenkörner in kochendes Wasser geben, zugedeckt einige Minuten quellen lassen, bis die Körner aufplatzen. Durch ein Sieb abgießen und zum vollständigen Auskühlen beiseite stellen.

● Gemahlener Weizen, geschroteter Roggen, Sojamehl, Hefe, Sesam, sowie Leinsamen, Sonnenblumenkerne, Salz und Honig in einer Rührschüssel gut vermischen. Das Wasser hinzufügen, dann mit der Küchenmaschine erst auf der niedrigsten Stufe und anschließend bei höchster Einstellung ca. 5 - 7 Minuten kräftig durchkneten und zu einem glatten Teig verarbeiten.

- Diesen an einem eher kühlen Ort ca. 60 Minuten gehen lassen, bis er sein Volumen deutlich vergrößert hat.
- Auf bemehlter Arbeitsfläche zu einer länglichen, gleichdicken Rolle formen. Diese in ca. 20 Stücke schneiden. Jedes Teigstück zu einer länglichen Stange oder einer runden Semmel ausformen.
- Mit Wasser bestreichen, dann mit Sonnenblumenkernen bestreuen und auf ein gefettetes Backblech geben. Nochmals ca. 20 - 30 Minuten gehen lassen. Inzwischen den Backofen auf 210 - 230 °C vorheizen.
- Das Backblech in die Mitte einsetzen und die Korn-Knacker in 25 - 30 Minuten backen. Anschließend auf einem Gitterrost auskühlen lassen.

**Tipp:**
Stellen Sie bereits während des Vorheizens eine Schale aus hitzebeständigem Material mit 1/4 l heißem Wasser auf den Backofenboden. So kann Feuchtigkeit im Gerät entstehen, die die Korn-Knacker knuspriger werden lässt.

# Raffinierte Kräuterkränze

Teig:
- 550 g Mehl z. B. von Aurora (Urkraft des Keimes)
- 40 g frische Hefe (Germ)
- 1 TL Zucker, 2 TL Salz
- 1/8 l lauwarmes Wasser
- 200 g gekochte, geschälte Kartoffeln (Erdäpfel)
- 100 g Crème fraîche oder saure Sahne (Rahm)
- 6 EL Weizenkeim- oder Sonnenblumenöl
- 3 - 4 EL warmes Wasser
- 4 TL Kräuter der Provence
- 1 EL Olivenöl zum Einfetten

Belag:
- 1 Eigelb (Eidotter)
- 2 EL süße Sahne (Schlagobers)
- je 1 EL Mohn, Sesam
- je 50 g ger. Käse (z. B. Emmentaler), Kürbiskerne

- Das Mehl in eine Rührschüssel geben, in die Mitte eine Vertiefung eindrücken und die frische

Hefe hineinbröckeln. Diese mit etwas lauwarmem Wasser sowie Zucker zu einem dicklichen Brei verrühren. Etwas Mehl darüber stäuben, dann die Schüssel zudecken und den Vorteig an einem warmen Ort 15 - 20 Minuten gehen lassen.

● Kartoffeln, Crème fraîche oder saure Sahne und Weizenkeim - bzw. Sonnenblumenöl mit einem Pürierstab fein verquirlen. Zusammen mit dem warmen Wasser sowie den Kräutern der Provence zum Vorteig geben.

● Mit dem Elektroquirl mit Knethaken oder in der Küchenmaschine zu einem glatten Teig verarbeiten, der sich gut vom Schüsselrand lösen muss. Nochmals ca. 15 Minuten gehen lassen.

● Den Teig in 16 gleichgroße Stücke zerteilen. Jedes Teigstück halbieren, daraus zwei dünne, gleichlange Teigrollen formen, diese miteinander verdrehen und zu kleinen Kränzen verarbeiten.

● Auf ein mit Olivenöl gefettetes Backblech

geben. Nochmals 15 - 20 Minuten zugedeckt gehen lassen, dann die Kränze mit dem Gemisch aus Eigelb sowie Sahne gleichmäßig bestreichen. Je vier Kränze mit Mohn, Sesam, Käse oder Kürbiskernen bestreuen.

● Auf der mittleren Schiene des auf 170 - 190 °C vorgeheizten Backofens in 30 - 40 Minuten goldbraun backen.

**Tipp:**
Die frischen Kräuterkränze schmecken hervorragend zu Käse, aber auch zu Salaten oder kalten Braten.

# Grazer Salzbrezen

| |
|---|
| 20 g frische Hefe (Germ) |
| 1 EL Zucker |
| 250 ml lauwarmes Wasser |
| 500 g Weizenmehl |
| 1 TL Meersalz |
| 15 g Natron, 1 Liter Wasser |
| 2 - 3 EL grobe Salzkörner (Hagelsalz) |
| Butter für das Backblech |

● Die Hefe mit dem Zucker in etwas lauwarmem Wasser auflösen, 1 - 2 EL Mehl unterrühren und den Ansatz an einem warmen Ort 15 - 20

Minuten gehen lassen.

- Mehl, restliches Wasser sowie Salz dazugeben und die Mischung zu einem geschmeidigen Teig verarbeiten, der sich gut vom Schüsselrand lösen muss. Hierzu am besten die Küchenmaschine einsetzen.
- Nochmals ca. 40 - 50 Minuten gehen lassen, dann den Teig von Hand nochmals durchkneten und in 10 gleichgroße Stücke aufteilen. Bei jedem Stück das Gewicht mit Hilfe einer Küchenwaage überprüfen. Aus jedem Teigstück eine ca. 50 cm lange, gleichdicke Rolle formen, die an den Enden dünner wird. Die Rollen zu Brezen formen, dabei die Enden gegeneinander verdrehen und auf den dickeren Mittelteil drücken.
- Das Backblech mit Butter einfetten.
- Die Brezen nochmals ca. 15 - 20 Minuten gehen lassen. Inzwischen Wasser mit Natron auflösen und aufkochen. Jeweils 2 Brezen ca. 30 Sekunden in die Lauge eintauchen, dabei mehrfach wenden, mit einer Schöpfkelle herausnehmen, abtropfen lassen und auf das Backblech geben, dann sofort mit dem groben Salz bestreuen. Abkühlen lassen. alle Brezen auf diese Art vorbereiten.
- Den Backofen auf 200 - 220 °C vorheizen, die Brezen in die Mitte einschieben und in ca. 25 Minuten goldbraun abbacken.
- Vom Blech nehmen und nur ausgekühlt servieren.

**Tipps:**
Das Eintauchen in die heiße Natronlauge muss vorsichtig geschehen, da diese ätzend ist und deshalb nicht mit der Haut in Berührung kommen darf. Am besten verwenden Sie einen eher hohen Topf aus Edelstahl. Quer durchgeschnitten, dann mit Butter bestrichen und wieder zusammengesetzt, sind frische Brezen eine wirkliche Köstlichkeit. Übrigens: insbesondere beim Brezen-Backen bewährt es sich, eine Schale mit heißem Wasser in den ersten 10 Minuten auf den Backofenboden zu stellen.

# Rustikale Graham-Semmeln

| | |
|---|---|
| 500 g Weizenvollkornmehl (Grahamschrot) | 1/8 l lauwarmes Bier |
| 40 g frische Hefe (Germ) | 1 TL Salz |
| 1 TL Zucker | 4 EL Keimöl |
| 1/8 l lauwarmes Wasser | Butter für das Backblech |
| | Mehl zum Ausformen |

- Das Mehl in eine Rührschüssel geben, in die Mitte eine Vertiefung eindrücken, die Hefe hineinbröckeln und mit Zucker, Wasser sowie 2 EL Mehl anrühren. Etwa 20 Minuten gehen lassen.
- Die restlichen Zutaten zum Vorteig geben, dann in der Küchenmaschine sehr gut durchkneten, bis der Teig geschmeidig ist und sich vom Schüsselrand löst. Nochmals zugedeckt ca. 15 Minuten gehen lassen.
- Aus dem Teig mit bemehlten Händen ca. 14 - 16 gleichgroße Semmeln formen, diese auf ein gefettetes Backblech geben und mit etwas Mehl bestäuben. Nochmals ca. 20 Minuten abwarten, inzwischen den Backofen auf 210 - 230 °C vorheizen und dabei eine hitzebeständige Schale mit ca. 1/4 l heißem Wasser auf den Backofenboden stellen.
- Die Semmeln einsetzen und in ca. 20 - 30 Minuten knusprig ausbacken, nach Belieben vorher noch kurz mittig einritzen.
- Auskühlen lassen und frisch servieren.

# Knusprige Roggensemmeln

| | |
|---|---|
| 500 g Roggenmehl | 1 Pa tiefgefrorene, gemischte Kräuter |
| 50 g Sauerteig (selbst gemacht oder vom Bäcker) | Mehl zum Bestäuben, Wasser zum Bestreichen |
| ca. 1/4 l Wasser | Sesam, Mohn und grobes Salz zum Bestreuen |
| 10 g Hefe (Germ) | |
| 2 TL Salz | |

iglo
8 Kräuter
gemischt

● Die Hälfte des Roggenmehls in eine Rührschüssel geben. Den Sauerteig mit dem Wasser verrühren und mit der zerbröckelten Hefe gut unter das Mehl mischen.

● Den so angesetzten Vorteig zugedeckt an einem warmen Ort mehrere Stunden oder am besten über Nacht stehen lassen.

● Das Salz, die gemischten Kräuter sowie das restliche Mehl unter den Vorteig mischen. Mit dem Elektroquirl mit Knethaken oder in der Küchenmaschine durchkneten, bis der Teig Blasen wirft. Bei Bedarf noch Wasser zugeben.

● Nun ca. 50 g schwere Stücke abwiegen, diese zu gleichmäßigen Kugeln formen, auf ein mit Mehl bestäubtes Backblech geben, mit Wasser bestreichen, mit Hilfe eines scharfen Messers mittig einritzen und im mittleren Drittel des Backofens ca. 25 - 30 Minuten backen.

# Speckwecken

- 500 g Weizenmehl
- 1 Pa Trocken-Backhefe (Germ)
- 1 Prise Zucker
- 1/2 TL Salz
- ca. 250 ml lauwarme Milch
- 80 g weiche Butter
- 1 Ei
- 2 mittlere Zwiebeln
- 200 g magerer Speck
- etwas Thymian, weißer Pfeffer
- 2 EL Milch zum Bestreichen
- 1 1/2 TL Kümmel zum Bestreuen
- Mehl zum Ausrollen

● Das Mehl in eine Schüssel sieben, mit Hefe, Zucker und Salz gleichmäßig mischen. Milch, Butter sowie Ei hinzufügen, dann alle Zutaten mit dem Elektroquirl mit Knetern oder in der Küchenmaschine verkneten.

● Den geschmeidigen Teig zugedeckt ca. 40 - 50 Minuten gehen lassen.

● Inzwischen die Zwiebeln schälen und grob hacken. Den Speck würfeln, in einer Pfanne auslassen, die Zwiebeln dazugeben und im Speckfett ca. 2 - 3 Minuten glasig dünsten. Mit Thymian und Pfeffer würzen, dann unter beständigem Rühren auskühlen lassen.

● Das Backblech einfetten.

● Den aufgegangenen Teig nochmals von Hand durchkneten, in 12 gleichgroße Stücke zerteilen, diese auf bemehlter Arbeitsfläche einzeln ausrollen. Die Speck-Zwiebelmasse darauf verteilen, die Teigränder über der Füllung zusammenklappen und andrücken.

● Die Wecken nachformen, dann auf das Backblech legen, nochmals ca. 15 - 20 Minuten gehen lassen. Inzwischen den Backofen auf 200 - 220 °C vorheizen.

● Die Wecken mit einem scharfen Messer kreuzweise einritzen, mit Milch bestreichen und mit Kümmel bestreuen.

● In ca. 20 - 25 Minuten goldbraun backen. Abgekühlt servieren.

**Interessant für Sie:**
„Wecken" ist eine süddeutsche Bezeichnung für kleine, längliche Brote.

# Sesam-Ringe (Beugel)

| | |
|---|---|
| 400 g Weizenmehl z. B. Type 405 | 50 g zerlassene, lauwarme Butter |
| 1 Pa Trocken-Backhefe (Germ) | ca. 200 ml lauwarmes Wasser |
| 1 gestr. TL Zucker | ca. 80 g Sesamsamen |
| 1/2 TL Salz | |

● Das Mehl in eine Rührschüssel sieben, mit Hefe, Zucker sowie Salz sorgfältig durchmischen. Butter sowie Wasser hinzufügen.

● Die Zutaten zunächst mit dem Elektroquirl mit Knetern auf niedrigster Stufe, dann bei höchster Einstellung ca. 5 Minuten lang zu einem glatten, elastischen Teig verarbeiten.

● Diesen an einem warmen Ort gehen lassen,

bis er sein Volumen deutlich vergrößert hat (Dauer ca. 30 - 40 Minuten). Anschließend aus der Schüssel nehmen und von Hand nochmals gut durchkneten.

● Den Teig in 12 gleichgroße Stücke zerteilen. Aus jedem Stück eine längliche, eher dünne Rolle formen, diese mehrfach drehen, dann an den Enden zu einem Ring zusammendrücken.

● Die Ringe auf ein gefettetes Backblech geben, mit Wasser bestreichen und mit Sesamsamen bestreuen. Nochmals ca. 20 Minuten gehen lassen.

● Inzwischen den Backofen auf 210 - 230 °C vorheizen. Die Sesam-Ringe einschieben und in ca. 20 - 30 Minuten goldbraun backen. Anschließend auf einem Gitterrost auskühlen lassen.

**Tipp:**
Köstlich schmecken die frisch gebackenen Sesamringe, wenn man sie durchschneidet und mit Butter, Kräuter-Frischkäse oder auch Schmalz bestreicht.

# Kümmelstangen

| | |
|---|---|
| 500 g Weizenmehl | 1 TL Zucker |
| 1 TL Salz | 6 EL Keimöl |
| 50 g frische Hefe (Germ) | Milch zum Bestreichen |
| ca. 200 ml lauwarmes Wasser | 1 - 2 EL ganzer Kümmel zum Bestreuen |

● Mehl mit Salz in einer Rührschüssel mischen, in die Mitte eine Vertiefung eindrücken, die Hefe hineinbröckeln und mit Wasser, Zucker sowie etwas Mehl verrühren. Zugedeckt bei Raumtemperatur ca. 20 - 30 Minuten gehen lassen.

● Das Öl dazugeben und die Mischung zu einem geschmeidigen Teig verkneten, der sich gut vom Schüsselrand lösen muss.

● Die Teigmenge halbieren, auf bemehlter Arbeitsfläche ca. 1 cm dick zu Kreisen von ca. 25 cm ausrollen. Damit die Ränder schön glatt sind, am besten den Metallring einer Springform zum Ausstechen einsetzen. Die Kreise in 8 gleichgroße Stücke schneiden, so dass längliche Dreiecke entstehen. Jedes Dreieck zur Spitze hin aufrollen, auf ein gefettetes oder mit Backpapier ausgelegtes Backblech geben und mit Milch bestreichen, dann mit Kümmel bestreuen. Nochmals ca. 15 - 20 Minuten gehen lassen.

● In der Zwischenzeit den Backofen auf 210 - 230 °C vorheizen. Die Kümmelstangen in die Mitte einsetzen und in ca. 20 Minuten goldbraun backen.

● Herausnehmen und auf einem Gitterrost auskühlen lassen, dann frisch servieren.

**Variation: „Grissini“**
(Italienische Brotstangen)

● Den Teig auf leicht bemehlter Arbeitsfläche ca. 2 cm dick zu einem Quadrat ausrollen und in 10 - 12 lange Streifen schneiden. Die Streifen zu 20 - 25 cm langen Rollen formen.

● Das Backblech einfetten oder mit Backpapier auslegen und den Backofen auf 210 - 230 °C vorheizen.

● Die Grissini auf das Backblech geben, zugedeckt nochmals 10 - 15 Minuten gehen lassen und zuletzt mit Milch bestreichen, dann in der Backofenmitte ca. 15 Minuten backen.

**Tipp:**

Nach Belieben können Sie die Stangen auch vor dem Backen in Sesamsamen wälzen.

# Süße Brotgebäcke

## Linzer Osterfleck (oder -fochaz)

| | |
|---|---|
| 1 kl Weizenmehl | 1 Prise Salz |
| 50 g frische Hefe (Germ) | 125 g zerlassene Butter |
| 400 ml lauwarme Milch | 1 Eigelb (Eidotter) und 3 EL Milch zum Bestreichen |
| 100 g Zucker | |
| 2 Eigelb (Eidotter) | |

- Das Mehl in eine Rührschüssel sieben, in die Mitte eine Vertiefung eindrücken, die Hefe hineinbröckeln und mit etwas Milch, Zucker sowie Mehl verrühren. Zugedeckt an einem warmen Ort ca. 30 Minuten gehen lassen.

- Die restliche Milch, Eigelb, Salz sowie Butter dazugeben. Mit dem Elektroquirl mit Knetern oder in der Küchenmaschine zu einem geschmeidigen Teig verarbeiten, der sich gut vom Schüsselrand lösen muss. Die Knetdauer kann 7 - 9 Minuten betragen.

- Nochmals ca. 20 Minuten zugedeckt gehen lassen, dann den Teig in 5 gleichgroße Stücke teilen. Aus jedem Teil eine Rolle von 50 cm Länge formen. Aus drei Strängen einen lockeren Zopf flechten und an den Enden zu einem runden Kranz zusammendrücken. Die beiden übrigen Stränge vorsichtig spiralförmig umeinanderwinden und an den Enden zusammendrücken. Auf den Zopfkranz legen.

- Den Backofen auf 180 - 200 °C vorheizen.

- Den Kranz auf ein gefettetes Backblech geben, nochmals gehen lassen, bis die Zöpfe prall aufgegangen sind, dann mit Milch verquirltem Eigelb bestreichen.

- Im unteren Drittel des heißen Backofens in 35 - 45 Minuten goldbraun backen.

**Tipp:**
Die Enden der Teigrollen müssen gut verbunden werden. Am besten geben Sie etwas Eiweiß (Eiklar) darauf oder umwickeln den Kranz mit einer Manschette aus Alufolie. Diese nach ca. der Hälfte der Backzeit entfernen. Nach Belieben können Sie den Oster-Kranz mit 80 g Puder (Staub)-zucker, mit 1 - 2 EL Wasser glattgerührt glasieren.

# Süße Semmeln mit Aprikosen und Mandeln

| | |
|---|---|
| 200 g getrocknete Aprikosen (Marillen) | 60 g Zucker |
| 4 EL Aprikosenlikör (Marillen-Likör) | 2 Eier |
| 500 g Weizenmehl | 1 Msp. gem. Ingwer |
| 1 Würfel frische Hefe (Germ) | abgeriebene Schale 1/2 unbehandelten Zitrone |
| 40 g Zucker | 1/2 TL gem. Anis |
| 1 Prise Salz | 125 g gestiftelte Mandeln |
| 1/8 l lauwarme Milch | Garnitur: 30 g Butter |
| 100 g geschmolzene, lauwarme Butter | 1 Eigelb (Eidotter) |
| | 2 - 3 EL Hagelzucker (grober Zucker) |

- Die Aprikosen kurz kalt abspülen, dann gut trocken tupfen, in Würfel oder Streifen schneiden und zusammen mit dem Aprikosenlikör in eine kleine Schüssel geben, durchziehen lassen.
- Das Mehl in eine Rührschüssel sieben, in die Mitte eine Vertiefung eindrücken, die zerbröckelte Hefe mit dem Zucker und etwas Milch hineingeben. Mit 1 - 2 EL Mehl vom Rand zu einem Brei anrühren. Zugedeckt an einem warmen Ort ca. 15 - 20 Minuten gehen lassen.
- Restliche Milch, Salz, Zucker, geschmolzene und nicht zu warme Butter, Eier Ingwer, Zitronenschale sowie Anis dazugeben.
- Mit dem Elektroquirl mit Knetern oder in der Küchenmaschine zu einem geschmeidigen Teig verarbeiten. Hierbei zunächst bei kleinster Einstellung alles vermischen, dann auf höchster Stufe einige Minuten lang gut durchkneten. Zuletzt Mandelstifte und Aprikosenstückchen einarbeiten.
- Den Teig zugedeckt an einem warmen Ort ca. 20 Minuten gehen lassen.

- Das Backblech mit Backpapier auslegen, dann dünn mit Butter bestreichen.
- Aus dem Teig 8 Kugeln formen, jede Kugel kreuzweise einschneiden, auf das Backblech geben, mit verquirltem Eigelb überziehen und mit Hagelzucker bestreuen, dann nochmals ca. 10 - 15 Minuten gehen lassen.
- In der Zwischenzeit den Backofen auf 170 - 190 °C vorheizen.
- Die Aprikosen-Mandel-Semmeln auf der mittleren Schiene in 25 - 35 Minuten goldgelb backen, vom Blech nehmen, auskühlen lassen und frisch servieren.

# Köstliches Quark(Topfen)-Brot

| | |
|---|---|
| 400 g Weizenmehl z. B. Type 405 | 125 g Zucker |
| 1 1/2 Pa Trocken-Backhefe (Germ) | 2 Eier |
| 1 gestr. TL Salz | 125 g weiche Butter |
| abgeriebene Schale 1 unbehandelten Zitrone | 125 g gut abgetropfter Quark (Topfen) |
| | 3 EL lauwarme Milch |
| | Mehl für die Arbeitsfläche |

- Das Weizenmehl in eine Rührschüssel sieben, mit Hefe, Salz, abgeriebener Zitronenschale und Zucker vermischen.
- In einer zweiten Schüssel Eier, weiche Butter, Quark und Milch verrühren. Diese Mischung zum Mehl geben.
- Mit dem Elektroquirl mit Knetern oder in der Küchenmaschine erst auf der niedrigsten Stufe kurz durchmischen, dann bei höchster Einstellung in ca. 5 - 7 Minuten zu einem geschmeidigen Teig verarbeiten.
- Diesen zugedeckt an einem warmen Ort ca. 20 - 30 Minuten gehen lassen, bis er sein Volumen deutlich vergrößert hat.
- Von Hand auf bemehlter Arbeitsfläche nochmals durchkneten, zu einem länglichen Laib formen, und erneut gehen lassen.
- Inzwischen den Backofen auf 180 - 200 °C vorheizen. Die Oberseite des Teiges mit Wasser bestreichen, dann vorsichtig auf ein gefettetes Backblech legen und im unteren Drittel des Backofens in ca. 45 - 55 Minuten backen.
- Herausnehmen, auf einen Gitterrost geben, ausdampfen lassen und frisch servieren.

# Raffiniertes Orangenbrot

| | |
|---|---|
| 450 g Weizenmehl | 1 Eigelb (Eidotter) |
| 50 g Maismehl | abgeriebene Schale von 2 unbehandelten Orangen |
| 1 Würfel frische Hefe (Germ) | 1/8 l frisch gepresster Orangensaft |
| 1 EL Zucker | 1 Prise Salz |
| ca. 1/8 l lauwarme Milch | 1 Eigelb (Eidotter), 2 EL Milch |
| 50 g Butter oder Margarine | |
| 3 EL Zucker, etwas Safran | |

- Weizen- und Maismehl in einer Schüssel mischen, in die Mitte eine Vertiefung eindrücken und die zerbröckelte Hefe mit Zucker, Milch sowie etwas Mehl in der Mulde zu einem dickflüssigen Brei verrühren.
- Zugedeckt ca. 15 - 20 Minuten an einem warmen

Ort gehen lassen.

● Inzwischen Butter oder Margarine mit Zucker, Safran und Eigelb schaumig rühren.

● Zusammen mit dem Saft und der Orangenschale sowie dem Salz zum Vorteig geben. Zu einem geschmeidigen Teig verarbeiten, hierzu am besten die Küchenmaschine einsetzen, zuletzt von Hand auf bemehlter Arbeitsfläche gut durchkneten und zu einem runden Laib formen.

Diesen nochmals 40 - 50 Minuten gehen lassen, bis sich das Volumen deutlich vergrößert hat.

● Ein Backblech einfetten, mit Mehl bestäuben. Den Backofen auf 200 - 220 °C vorheizen.

● Das Orangenbrot an der Oberseite kreuzförmig einritzen, mit mit Milch verquirltem Eigelb bestreichen, dann im unteren Drittel des Backofens in ca. 40 - 50 Minuten backen.

# Honig-Früchtebrot

| |
|---|
| 250 g Dörrobst z. B. Äpfel, Feigen, Zwetschgen, Kletzen (Birnen) |
| 4 El Rum, 4 Eier |
| 250 g Zucker |
| 50 g gehackte Haselnüsse |
| 25 g gehackte Mandeln |
| 50 g gewürfeltes Zitronat |
| 100 g Rosinen, 1 TL Zimt |
| 1/4 TL gem. Nelkenpulver |
| 50 g flüssiger Honig |
| 350 g Mehl, 1 Prise Salz |
| 1/2 Pa Backpulver |

● Das Dörrobst in kleine Würfel schneiden, mit dem Rum vermischen und am besten über Nacht durchziehen lassen.

● Die Eier mit dem Zucker in eine hohe Rührschüssel geben und mit dem Elektroquirl sehr schaumig schlagen. Haselnüsse, Mandeln, Zitronat, Rosinen, Gewürze und Honig dazugeben und weiterrühren. Zuletzt das gesiebte Gemisch aus Mehl und Backpulver zufügen und gleichmäßig unter die Masse heben.

● Den Teig in eine gut gefettete und mit Semmel-

bröseln ausgestreute Kastenform füllen.

● Bei 160 - 180 °C in 55 - 60 Minuten backen. Erst nach dem Auskühlen anschneiden.

# Bananen-Nussbrot

| | |
|---|---|
| 150 g weiche Butter oder Margarine | 3 - 4 TL Backpulver |
| 150 g Farinzucker (brauner Zucker) | 1/2 TL Salz |
| 3 Eier | 125 g gem. Haselnüsse |
| 4 mittelgroße, reife Bananen | ausgekratztes Mark 1/2 Vanilleschote |
| 400 g Weizenvollkornmehl | ca. 150 ml lauwarme Milch |
| | 2 EL Semmelbrösel für die Form |

● Eine 30 cm lange Kasten-Backform mit etwas Butter oder Margarine einfetten, dann mit Semmelbröseln ausstreuen und in den Kühlschrank stellen, damit das Fett wieder fest wird.

● Butter oder Margarine in eine Rührschüssel geben

und mit dem Elektroquirl sehr schaumig rühren. Nach und nach Zucker sowie Eier dazugeben, weiterrühren.

● Die Bananen schälen, mit einer Gabel fein zerdrücken oder besser noch im Mixer pürieren. Zum Fett-Zucker-Eiergemisch geben und gleichmäßig unterziehen.

● In einer zweiten Rührschüssel Mehl mit Backpulver, Salz, Haselnüssen sowie mit Vanillemark mischen.

● Den Backofen auf 160 - 180 °C vorheizen.

● Das Mehlgemisch abwechselnd mit der Milch unter den Bananenteig rühren. Nur so viel Milch zugeben, dass der Teig nicht zu weich wird. Diesen in die vorbereitete Kastenform füllen, glatt streichen und im unteren Drittel des Backofens in ca. 50 - 60 Minuten backen.

● Die Form herausnehmen, ausdampfen lassen, dann vorsichtig auf einen Gitterrost stürzen.

# Rosinenzopf (Striezel)

Teig:
500 g Weizenmehl
30 g frische Hefe (Germ)
100 g Zucker
1 Pa. Vanillezucker
1 Prise Salz
2 Eier
100 g Butter oder Margarine
ca. 1/8 l lauwarme Milch
100 g Rosinen (Weinbeeren)

zum Bestreichen:
1 Eigelb (Eidotter)
2 EL Milch

● Das gesiebte Mehl in eine Rührschüssel geben und in die Mitte eine Vertiefung eindrücken. Frische Hefe hineinbröckeln, mit etwas lau-

warmer Milch sowie 1 - 2 TL Zucker zu einem dicklichen Brei verrühren. Etwas Mehl darüberstäuben und zugedeckt ca. 15 - 20 Minuten an einem warmen Ort gehen lassen.

● Anschließend Salz, weiches Fett, den restlichen Zucker, die restliche Milch, Eier und Vanillezucker sowie Rosinen zugeben.

● Mit dem Elektroquirl mit Knethaken oder in der Küchenmaschine zu einem glatten, glänzenden Teig verarbeiten, der sich gut vom Schüsselrand lösen muss.

● Den Teig in drei gleichgroße Stücke teilen, aus jedem Stück eine Rolle formen, und aus den drei Rollen einen lockeren Zopf flechten (s. Abbildung).

● Diesen auf ein gefettetes Backblech legen und nochmals für ca. 20 Minuten zugedeckt gehen lassen. Der Zopf sollte dann prall aufgegangen sein und sich etwa um die Hälfte vergrößert haben.

● Inzwischen den Backofen auf 180 - 200 °C vorheizen. Eigelb mit Milch verquirlen, den Zopf damit bestreichen und in 20 - 30 Minuten abbacken.

● Aus dem Backofen nehmen, auf einem Gitterrost auskühlen lassen und frisch servieren.

# Kärntner „Kletzenbrot" (Früchte-Nussbrot)

Füllung:
500 g Kletzen (getrocknete Birnen)

100 g Aranzini (Orangeat)

150 g Haselnüsse

150 g Walnüsse

50 g Pignoli (Pinienkerne)

100 g Sultaninen

200 g Zibeben (Malagatrauben) oder Korinthen

1/8 l Rum

1/2 TL gem. Nelken

2 Msp. Zimt

2 Msp. Kardamom

abgeriebene Schale 1 unbehandelten Zitrone

Teig:
750 g Roggenmehl z. B. Type 1370

ca. 750 ml lauwarmes Wasser

1/2 Würfel frische Hefe (Germ), 1 Prise Zucker

2 gestr. TL Salz

etwas Milch zum Bestreichen

● Am besten am Vortag Kletzen, Aranzini sowie die Walnüsse grob hacken, dabei die Stiele der Kletzen entfernen. Alles mit den geschälten Walnüssen, den Pignoli, den gewaschenen und gut abgetropften Sultaninen und Zibeben in eine Schüssel geben. Mit Nelken, Zimt, Kardamom und abgeriebener Zitronenschale würzen, dann gut durchmischen und mit dem Rum übergießen. Über Nacht zugedeckt durchziehen lassen.

● Am nächsten Tag zunächst den Brotteig zubereiten. Hierzu die Hefe in ca. 100 ml warmem Wasser auflösen, etwas Zucker und 3 - 4 EL

Mehl hinzugeben, umrühren und ca. 30 - 40 Minuten gehen lassen. Anschließend das restliche Mehl, Salz und die übrige Flüssigkeit dazugeben. Alle Zutaten in der Küchenmaschine zu einem eher festen Teig verarbeiten, der dann noch ca. 1 Stunde lang gehen muss.

● Inzwischen die Früchtemischung auf einem Sieb abtropfen lassen und unter den Teig kneten. Daraus einen runden Laib formen und diesen in eine Springform (Ø 26 cm) oder besser noch in einen bemehlten Brotkorb geben. Nochmals ca. 60 - 70 Minuten gehen lassen.

● Den Backofen auf 170 - 190 °C vorheizen.

● Den Brotlaib vorsichtig auf ein gefettetes, bemehltes Backblech geben, mit Wasser bestreichen und im unteren Drittel des Backofens ca. 30 - 40 Minuten backen, dann herausnehmen, mit Milch bestreichen und nochmals ca. 30 Minuten weiterbacken.

● Aus dem Ofen nehmen und auf einem Gitterrost auskühlen lassen.

**Interessant für Sie:**
Das Kärntner „Kletzenbrot" ist ein typisches Weihnachtsgebäck, das spätestens 2 - 3 Wochen vor dem Fest gebacken werden sollte.

**Tipp:**
Auch beim Backen von Früchtebrot hat es sich bewährt, eine Schale mit heißem Wasser während des Backens auf den Backofenboden zu stellen.

# Mandelbrot mit Haferflocken

| | |
|---|---|
| 600 g Weizenmehl | 125 g gehackte Mandeln |
| 4 EL Zucker | 300 ml lauwarme Buttermilch |
| 1 EL Backpulver | 1 Ei, 1 EL Zucker |
| 1 EL Natronpulver | 1 EL geschmolzene Butter zum Bestreichen |
| 1 1/2 TL Salz | Backpapier |
| 60 g flüssige Butter | |
| 125 g Haferflocken | |

● Weizenmehl, Zucker, Back- und Natronpulver, sowie Salz in einer Rührschüssel gut durchmischen. Flüssige Butter, Haferflocken, Mandeln, Buttermilch und Ei dazugeben.

● Mit dem Elektroquirl mit Knetern oder in der Küchenmaschine erst auf niedrigster Stufe durchmischen, damit das Mehl nicht staubt, dann bei höchster Einstellung zu einem geschmeidigen Teig verarbeiten.

● Diesen auf leicht bemehlter Arbeitsfläche von Hand nochmals durchkneten, bis er glatt ist.

● Den Backofen auf 180 - 200 °C vorheizen. Das Backblech mit Wasser anfeuchten, mit Backpapier auslegen, den Brotteig zu einer Kugel formen, leicht flach drücken, auf das Backblech geben, mit geschmolzener Butter bestreichen und mit Zucker leicht bestreuen, dann an der Oberseite mit einem scharfen Messer kreuzweise einschneiden.

● Im unteren Drittel des Backofens in ca. 50 - 60 Minuten backen, herausnehmen, ausdampfen sowie abkühlen lassen und frisch servieren.

# Rosinensemmeln mit Quark (Topfen)

| | |
|---|---|
| 300 g Weizenmehl | 1 Prise Meersalz |
| 40 g frische Hefe (Germ) | abgeriebene Schale 1/2 unbehandelten Zitrone |
| 80 g Zucker | 150 g Rosinen |
| 4 EL lauwarme Milch | Mehl zum Ausformen |
| 250 g gut abgetropfter Quark (Topfen) | Butter für das Backblech |
| 2 Eier | 1 Eigelb (Eidotter) zum Bestreichen |
| 100 g weiche Butter | |

● Das Mehl in eine Rührschüssel sieben, in die Mitte eine Vertiefung eindrücken, die Hefe hineinbröckeln, mit etwas Zucker, der Milch und 1 - 2

EL Mehl verrühren. Zugedeckt ca. 15 Minuten gehen lassen.

● Quark, Eier, weiche Butter, Salz sowie abgeriebene Zitronenschale zufügen und alles zu einem sehr geschmeidigen Teig verkneten. Hierzu am besten die Küchenmaschine einsetzen. Erneut den Teig ca. 30 Minuten gehen lassen.

● In der Zwischenzeit die Rosinen in heißem Wasser gründlich waschen, dann in einem Küchentuch trocken tupfen. Leicht mit Mehl bestäuben und unter den Teig kneten. Daraus mit bemehlten Händen kleine Semmeln formen, mit genügend Abstand auf ein gefettetes Backblech legen, nochmals sichtbar aufgehen lassen, dann mit verquirltem Eigelb bestreichen.

● Im inzwischen auf 200 - 220 °C vorgeheizten Backofen in 20 - 25 Minuten goldbraun backen.

● Frisch, jedoch vollständig ausgekühlt servieren.

**Tipps:**
Für diese lockeren Frühstückssemmeln bieten sich mehrere Variationen an: Sie können die Rosinen durch Korinthen ersetzen oder zusätzlich 50 g gestiftelte Mandeln untermischen. Auch die Geschmacksnote lässt sich durch Vanillemark, Zimt, abgeriebene Orangenschale oder Rum verändern. Anstelle der runden Form können Sie den Teig auch zu Ringen oder kleinen Zöpfen verarbeiten.

# Gefülltes Kräuter-Käsebrot aus der Form

Teig:
500 g Weizenmehl

1 Pa Trockenback-Hefe (Germ)

1 TL Zucker

1 TL Salz, frisch gem. Pfeffer

ca. 300 ml lauwarmes Wasser

Füllung:
4 mittelgroße Zwiebeln

1 EL Butter

1 Ei

125 g ger. Gouda-Käse

6 - 7 EL gem. Kräuter (Dill, Schnittlauch, Petersilie)

Salz, frisch gem. Pfeffer

1 EL flüssige Butter zum Bestreichen

zum Bestreichen:
1 Eigelb (Eidotter)

1 - 2 EL Milch

● Das Mehl in eine Rührschüssel sieben, mit der Hefe mischen, die übrigen Zutaten dazugeben, dann mit dem Elektroquirl mit Knetern oder in der Küchenmaschine erst bei niedriger Einstellung alles durchmischen und anschließend auf höchster Stufe zu einem geschmeidigen Teig verarbeiten, der sich gut vom Schüsselrand lösen muss. Zugedeckt an einem warmen Ort gehen lassen, bis er sich deutlich vergrößert hat.

● Für die Füllung die Zwiebeln schälen, fein würfeln und in zerlassener Butter andünsten. Ei, Käse sowie Kräuter unterrühren, dann mit Salz und Pfeffer abschmecken.

● Den aufgegangenen Teig aus der Schüssel nehmen, von Hand kurz durchkneten, auf leicht bemehlter Arbeitsfläche zu einem Rechteck von ca. 30 - 40 cm Größe ausrollen. Leicht mit flüssiger Butter bestreichen, dann die Füllung gleichmäßig darauf verteilen, die längeren Teigenden etwas einschlagen und den Teig von den beiden kürzeren Seiten zur Mitte hin aufrollen.

● Eine Kastenform (Länge 30 cm) einfetten, die Teigrolle vorsichtig einlegen, an der Oberseite mehrfach einritzen, dann nochmals ca. 20 - 30 Minuten gehen lassen.

● Inzwischen den Backofen auf 180 - 200 °C vorheizen. Eigelb mit Milch verquirlen, die Teigoberfläche damit bestreichen, dann die Form auf den Rost in das untere Drittel des Backofens setzen und ca. 45 - 50 Minuten backen.

● Das Kräuter-Käsebrot aus der Form nehmen und auf einem Gitterrost abkühlen lassen.

# Knusperbrot mit Pinienkernen

| | |
|---|---|
| 350 g Weizenmehl z. B. Type 1050 | 350 - 400 ml lauwarmes Wasser |
| 150 g Roggenmehl z. B. Type 1150 | 3 EL Sonnenblumenöl |
| 2 gestr. TL Salz | 150 g geschälte Pinienkerne |
| 1 Pa Trocken-Backhefe | 50 g Haferflocken |
| 80 g Sauerteig | |

● Die beiden Mehlsorten mit dem Salz sowie der Trocken-Backhefe in einer Rührschüssel mischen. Den Sauerteig hinzufügen, dann erst 350 ml Wasser und das Öl angießen.

● Alles mit dem Elektroquirl mit Knetern oder in der Küchenmaschine zu einem glatten Teig verarbeiten. Sollte dieser zu fest sein, das restliche Wasser nach und nach dazugeben. Die Knetdauer kann 5 - 8 Minuten betragen.

● 100 g Pinienkerne und die Haferflocken gegen Ende der Teigbearbeitung unterkneten.

● Den Teig zugedeckt an einem warmen Ort gehen lassen, bis er sein Volumen deutlich vergrößert hat (ca. 40 - 50 Minuten), dann von Hand nochmals durcharbeiten.

● Daraus einen länglichen Brotlaib formen, an der Oberseite mit Wasser bestreichen, auf ein gefettetes Backblech geben und mit den restlichen Pinienkernen bestreuen.

● Nochmals gehen lassen.

● Inzwischen den Backofen auf 180 - 200 °C vorheizen und das Brot in 35 - 45 Minuten backen, herausnehmen und auf einem Gitterrost auskühlen lassen.

**Variation:**
**Kürbiskern-Knusperbrot**
Anstelle der Pinienkerne verwenden Sie Kürbiskerne gleicher Menge. Dann sollten Sie das Brot auch mit Kürbiskernöl zubereiten, welches dem Brot eine raffinierte Note verleiht.

# Zucchini-Karotten-Brot aus der Form

300 g Zucchini

etwas Salz, 1 1/2 EL frische Dillspitzen

4 mittelgroße Karotten (gelbe Rüben)

400 g Weizenmehl

3 - 4 TL Backpulver

5 Eier, 80 ml Keimöl

125 g geriebener Gouda-Käse

Butter und Semmelbrösel für die Form

● Die Zucchini gründlich waschen, abtrocknen, an den Stielenden abschneiden, dann grob raspeln, mit etwas Salz durchmischen und ca. 20

Minuten stehen lassen. Über einem Sieb die sich gebildete Flüssigkeit abgießen, die Zucchiniraspeln dabei von Hand gut ausdrücken und mit Dillspitzen mischen.

● Die Karotten schälen, sehr fein stifteln, dann zu den Zucchini geben und durchmischen.

● Das Mehl mit Backpulver, Eiern, Öl und Käse zu einem geschmeidigen Teig verrühren. Zuletzt das Gemüse unterziehen, dann die Masse in eine gefettete und mit Semmelbröseln ausgestreute Kastenform (Länge 30 cm) füllen, glatt streichen und für 50 - 60 Minuten bei 170 - 190 °C backen.

● Das Brot in der Form ausdampfen lassen, mit einem spitzen Messer vorsichtig lösen, aus der Form auf einen Gitterrost geben und ausgekühlt servieren.

# Toskanisches Olivenbrot (siehe Abb. S. 81)

| | |
|---|---|
| 30 g frische Hefe | Salz |
| 200 ml lauwarmes Wasser | 2 - 3 EL Olivenöl |
| 350 g Mehl | 60 g Oliven ohne Kern |

● Die Hefe in einer Rührschüssel zerkrümeln, nach und nach das Wasser dazugeben, umrühren bis die Hefe aufgelöst ist. Mehl sowie Salz dazugeben, dann den relativ weichen Teig in der Küchenmaschine oder mit dem Elektroquirl mit Knetern gut durcharbeiten. Zuletzt die Oliven unterkneten.

● Zugedeckt an einem warmen Ort ca. 30 Minuten gehen lassen. Zu einem eher flachen Laib formen, auf ein mit etwas Öl bestrichenes Backblech geben. Nochmals gehen lassen.

● Inzwischen den Backofen auf 220 - 250 °C vorheizen.

● Den Teig mit Wasser bestreichen, in den heißen Backofen geben und ca. 20 - 25 Minuten backen. Noch heiß mit dem restlichen Olivenöl beträufeln.

# Focaccia (Italienisches Fladenbrot)

| | |
|---|---|
| Teig:<br>500 g Mehl | 1 EL Meersalz |
| 1/2 Pa Trocken-Backhefe | Belag:<br>5 EL Olivenöl „extra vergine" |
| ca. 300 ml lauwarmes Wasser | etwas grobes Meersalz |
| 2 EL Olivenöl | Pfeffer aus der Mühle |

● Das Mehl in eine Rührschüssel sieben, in die Mitte eine Vertiefung eindrücken, die Hefe in etwas lauwarmem Wasser auflösen und zusammen mit dem Öl, Salz sowie dem restlichen Wasser zum Mehl geben.

● Alle Zutaten mit dem Elektroquirl mit Knetern oder in der Küchenmaschine ca. 8 - 10 Minuten lang zu einem elastischen Teig verarbeiten.

● Mit einem Tuch abdecken und ca. 40 - 50 Minuten gehen lassen.

● Den Teig nochmals kräftig durchkneten, zu einem Oval von ca. 2,5 cm Dicke formen und in Abständen von etwa 2 cm die Teigoberfläche mit den Fingerknöcheln eindrücken. Vorsichtig auf ein gefettetes Backblech geben, dann mit 3 EL Olivenöl beträufeln und mit Salz sowie Pfeffer würzen. Das Brot nochmals 30 Minuten gehen lassen.

● Den Backofen auf 250 °C vorheizen, das Backblech in die Mitte einschieben und das Brot 15 - 20 Minuten goldbraun backen.

● Aus dem Backofen nehmen, mit dem restlichen Olivenöl beträufeln, vollständig auskühlen lassen, dann frisch servieren.

**Interessant für Sie:**
„Focaccia" ist ein typisch italienisches Flachbrot (Fladenbrot), welches - wie im Rezept beschrieben - als runder Fladen oder auch auf einem rechteckigen Blech gebacken wird. Die einfache Variante wird vor dem Backen mit bestem Olivenöl beträufelt, man kann aber auch 1 EL Rosmarinnadeln zum Bestreuen verwenden oder man bereitet eine „Käse-Focaccia" zu, bei der der Teig mit frisch geriebenem Parmesan- oder Pecorino-Käse vermengt wird.

# Kräuter-Baguette

| | |
|---|---|
| 500 g Weizen-Vollkornmehl | 2 EL feingehackten Schnittlauch |
| 1 Pa Trocken-Backhefe (Germ) | 2 EL sehr fein geschnittenen Lauch |
| ca. 350 ml lauwarmes Wasser | 1 Eigelb (Eidotter) |
| 1 1/2 EL Kräutersalz | 2 EL Wasser |

● Mehl mit Trocken-Backhefe in einer Rührschüssel mischen, Wasser und Salz hinzufügen. Mit dem Elektroquirl mit Knetern oder in der Küchenmaschine erst auf niedrigster Stufe durchmischen, dann bei höchster Einstellung kräftig durchkneten.

● Petersilie, Schnittlauch sowie Lauch dazugeben und einarbeiten. Nun den so angesetzten Teig 30 - 40 Minuten an einem warmen Ort gehen lassen, dann aus der Schüssel nehmen und von Hand nochmals durchkneten.

● Den Teig in 4 Teile aufteilen, dabei eine Waage einsetzen, um die Mengen nachzuwiegen und aus jedem Teigstück eine ca. 30 cm lange Rolle formen.

● Diese auf ein mit Backpapier ausgelegtes Backblech geben und nochmals gehen lassen, bis sie sich deutlich vergrößert hat.

● An der Oberseite mehrfach in Querrichtung mit einem scharfen Messer einritzen, mit einem mit Wasser verquirltem Eigelb bestreichen und im auf 210 - 230 °C vorgeheizten Backofen in 20 - 30 Minuten goldbraun backen. Hierzu das Backblech in die Mitte einsetzen.

● Die Brote aus dem Backofen nehmen, auf einem Gitterrost auskühlen lassen und noch frisch servieren.

**Tipp:**
Anstelle von Lauch können Sie auch sehr fein gezupften, frischen Dill verwenden.

## Variationen: Party-Baguettes

### Kürbis-Baguette
2 EL fein gehackte Kürbiskerne unter den Teig mischen.

### Käse-Baguette
80 g ger. Emmentaler und 1 TL Kümmel unter den Teig kneten, Baguette mit 1/2 TL Kümmel bestreuen.

### Anis-Baguette
80 g Möhren grob raspeln und zusammen mit 2 TL Anissamen unter den Teig kneten.

# Gefüllte „Antipasti"-Semmeln

| | |
|---|---|
| Teig: 400 g Vollkorn-Weizenmehl z. B. von Aurora | |
| 100 g Weizenmehl (z. B. Type 405 von Aurora) | |
| 1 Pa Trockenback-Hefe (Germ) | |
| 200 ml lauwarme Milch | |
| Salz, etwas weißer Pfeffer | |
| 80 g flüssige Butter | |
| 1 Ei, Mehl für die Arbeitsfläche | |
| Füllungen: 150 g Mozzarella, 2 Tomaten | |
| 3 größere Tomaten, in Öl eingelegt | |
| 50 g schwarze Oliven ohne Kern, fein geschnitten | |
| 80 g gekochter Schinken | |
| 80 g Pecorino, fein geschnitten | |
| 1/2 Bund Basilikum | |
| 1 Zweig Rosmarin | |
| 1/2 Bund Thymian | |
| Salz, frisch gem. Pfeffer | |

● Die beiden Mehlsorten mit der Hefe in einer Rührschüssel mischen. Milch, Salz, Pfeffer, Butter und Ei dazugeben und in der Küchenmaschine zu einem glatten, geschmeidigen Teig verkneten. Diesen zugedeckt an einem warmen Ort ca. 30 Minuten lang gehen lassen.

● In der Zwischenzeit die verschiedenen Füllungen vorbereiten. Hierzu Mozzarella und Tomaten sehr fein würfeln. Mit kleingezupften Basilikum-Blättern sowie Salz und Pfeffer würzen. Getrocknete Tomaten mit Oliven, kleingehackten Rosmarinnadeln mischen, dann ebenfalls würzen. Gekochten Schinken mit Pecorino, abgezupftem Thymian und Gewürzen mischen.

● Den aufgegangenen Teig nochmals von Hand gut durchkneten, dabei die Arbeitsfläche leicht bemehlen. Aus dem Teig ca. 15 kleine Kugeln formen, diese zunächst flach drücken und je 5 mit den verschiedenen Füllungen bedecken. Den überstehenden Teig zusammendrücken, dann wieder rund formen.

● Die so vorbereiteten Semmeln auf ein mit Backpapier ausgelegtes Backblech setzen, nochmals ca. 15 - 20 Minuten gehen lassen. Inzwischen den Backofen auf 190 - 210 °C vorheizen.

● Die Semmeln an der Oberseite mit einem scharfen Messer kreuzweise einritzen, mit kaltem Wasser bestreichen und auf der mittleren Schiene ca. 25 - 30 Minuten backen.

● Aus dem Backofen nehmen, auf einem Gitterrost ausdampfen lassen und frisch servieren.

# Raffiniert gefüllte Fladenbrot-Torte

- 1 frischgebackenes, gut ausgekühltes Fladenbrot (Rezept s. Seite 33)
- 8 Kirschtomaten
- 1 mittlere Zwiebel
- 1 kleiner Eisbergsalat
- 2 Eier, Muskat
- 1 EL Keimöl
- Salz, weißer Pfeffer
- 100 g Kräuterbutter z. B. von Meggle
- 100 g Schafkäse
- 2 - 4 Scheiben geräucherter Lachs
- 2 - 4 Scheiben gekochter Schinken
- Petersilie, Schnittlauch als Garnitur

● Das Fladenbrot in 12 Tortenstücke zerteilen und jedes Stück durchschneiden.

● Die Kirschtomaten waschen, putzen und halbieren. Die Zwiebel schälen, in feine Ringe schneiden, den Salat putzen, waschen und trocken tupfen. Einige Tomatenhälften sowie Zwiebelringe als Garnitur beiseite legen.

● Die Eier verquirlen, mit Muskat, Salz und Pfeffer

würzen, dann in heißem Öl zu Rührei stocken lassen.

● Die unteren Hälften der Brottortenstücke zunächst mit Kräuterbutter bestreichen, dann abwechselnd mit Rührei, Schafskäse, Lachs- und Schinkenstreifen, Tomatenhälften, Zwiebelringen sowie Salatblättern belegen. Die Oberseiten wieder auflegen und alle Stücke zu einer Torte zusammenschieben.

● Die restliche Kräuterbutter in einen Spritzbeutel füllen und die Brottorte dekorativ verzieren.

● Zuletzt mit Tomatenstückchen, Zwiebeln sowie gehackten Kräutern garnieren.

● Frisch zubereitet servieren.

# Partybrot mit 4-Käse-Füllung

500 g Weizenmehl

1/4 l Milch

60 g Butter

1 Würfel frische Hefe (Germ)

1 EL Zucker

1 1/2 TL Salz

3 EL Sonnenblumenkerne

<u>Käse-Füllung:</u>

150 g Emmentaler-Käse

200 g Feta-Käse (45% Fettgehalt)

150 g Tortenbrie

150 g Quark (Topfen)

1 - 2 Eier, weißer Pfeffer

etwas edelsüßes Paprikapulver

● Die Milch erwärmen, die Butter darin schmelzen lassen und beiseite stellen. Ist die Mischung nur noch lauwarm, die Hefe zerbröseln und darin auflösen. Zucker sowie Salz zugeben, unterrühren. Das Mehl nach und nach dazugeben. Mit dem Elektroquirl mit Knetern zu einem geschmeidigen Teig verarbeiten. Diesen an einem warmen Ort ca. 1 Stunde zugedeckt gehen lassen.

● Inzwischen die Käsefüllung vorbereiten. Hierzu den Emmentaler fein reiben. Den Tortenbrie sowie den Feta fein würfeln, dann zusammen mit dem Quark im Mixer zerkleinern. In eine Rührschüssel umfüllen, Emmentaler, Eier und Gewürze hinzufügen, dann die Mischung zu einer cremigen Masse verrühren. Kaltstellen.

● Den Hefeteig nochmals durchkneten, auf bemehlter Arbeitsfläche zu einem Quadrat von ca. 40 x 40 cm ausrollen. Die Käsemischung mittig darauf geben und die Ecken des Quadrats zur Mitte einschlagen.

● Die Oberseite mit Wasser bestreichen, die Sonnenblumenkerne aufstreuen und leicht andrücken. Den Brotteig nochmals ca. 15 Minuten ruhen lassen.

● Inzwischen den Backofen auf 180 - 200 °C vorheizen und ein Backblech mit Backpapier auslegen.

● Das Partybrot in die Mitte einschieben, ca. 1 Stunde backen, dann auf einem Rost abkühlen lassen, aufschneiden und frisch servieren.

**Hinweis:**
Zu diesem Partybrot reichen Sie am besten einen gemischten Salat und einen trockenen, italienischen Rotwein - z. B. einen Chianti classico aus der Toscana.

# Knoblauch-Weinfladen

- 150 g Roggenmehl (z. B. Type 1370)
- 150 g Weizenmehl (z. B. Type 405)
- 5 EL lauwarmes Wasser
- 20 g Hefe (Germ)
- 1 TL Zucker
- 4 Knoblauchzehen
- 40 g weiche Butter
- 1 TL Salz
- 1 Msp Piment
- 2 TL grüner Pfeffer aus dem Glas
- 125 ml trockener Weißwein
- grobes Meersalz zum Bestreuen

● Roggen- und Weizenmehl in einer Rührschüssel mischen, in die Mitte eine Vertiefung eindrücken, Wasser, Hefe und Zucker mit etwas Mehl anrühren, dann den Vorteig ca. 15 - 20 Minuten an einem warmen Ort gehen lassen.

● In der Zwischenzeit die Knoblauchzehen schälen und fein hacken, dann in heißer Butter goldgelb braten. Abkühlen lassen.

● Knoblauch mit Butter, Salz, Piment sowie dem abgetropften Pfeffer zum Vorteig geben. Den Wein angießen, dann die Mischung mit dem Elektroquirl mit Knetern oder in der Küchenmaschine zu einem geschmeidigen Teig verarbeiten. Diesen an einem warmen Ort ca. 50 - 60 Minuten gehen lassen. Anschließend auf bemehlter Arbeitsfläche zu einem ca. 1 - 1 1/2 cm dicken Fladen ausrollen. Auf ein gefettetes, bemehltes Backblech geben, die Oberfläche mit einem Messerrücken rautenförmig einritzen und mit grobem Salz bestreuen, nochmals gehen lassen.

● Inzwischen den Backofen auf 200 - 220 °C vorheizen, dann den Fladen auf der mittleren Schiene in ca. 30 - 45 Minuten backen.

● Auf einem Gitterrost auskühlen lassen.

**Tipps:**
Den frisch gebackenen, jedoch vollständig ausgekühlten Fladen servieren Sie am besten mit Frischkäse oder einer feinen Knoblauch-Butter. Dazu passt ein trockener Weißwein.

# Backen mit dem Brotbackautomaten

Brotbackautomaten werden erst seit wenigen Jahren im Handel angeboten und entwickeln seitdem hohes Kaufinteresse. Die Bedienung des Gerätes ist einfach, so dass Hobbybäcker mit wenig Erfahrung es auch schaffen, duftende Brote zu backen. Insbesondere Allergiker bevorzugen das Arbeiten mit diesen, da die Zubereitung von Spezialbroten mit bestimmter Zusammensetzung einfach ist. Im Vergleich zum herkömmlichen Elektrobackofen sind jedoch deutliche Unterschiede feststellbar, beispielsweise:

- Brot aus dem Brotbackautomat weist keine Laib- sondern eine eher kompakte Kastenform auf
- Je nach Geräteaufbau ist an der Unterseite des Brotes ein mehr oder weniger großes Loch eingeprägt, welches durch den Knethaken des Gerätes entstanden ist. Dieser bleibt in der Regel nach der automatischen Teigbereitung im Teig stecken, wird dann „mitgebacken" und muss später aus dem fertigen Brot herausgetrennt werden.
- Die Brote gehen unterschiedlich stark auf, sie sind in der Regel schwerer und weisen eine feinporige Struktur auf.
- Die Krume (Oberfläche) ist nicht so knusprig, verglichen mit einem herkömmlich gebackenen Brot, da die Backform (Backbehälter) im geschlossenen Automaten erhitzt wird und das Brot dann nicht genügend Feuchtigkeit abgeben kann. Daher sollte das Brot sofort nach Fertigstellung aus dem Automaten genommen und zum Ausdampfen auf einen Gitterrost gelegt werden.

Je nach Modell ist die Backform (Backbehälter) mit einer speziellen Antihaft-Schicht versehen, so lässt sich das fertiggebackene Brot besonders leicht herausnehmen.
Die verschiedenen Brotbackautomaten können Brote von 400 g

bis zu 2,0 kg Fertiggewicht zubereiten, dabei ist der Ablauf denkbar einfach.

Zunächst gibt man alle Zutaten wie Mehl, Hefe (Germ), Flüssigkeit oder Gewürze direkt in die Backform (Backbehälter). Messbecher sowie Messlöffel helfen, die Mengen genau einzuhalten.

Anschließend wird das Gerät gestartet oder auf den gewünschten Fertigstellungszeitraum vorprogrammiert. In der Regel stehen mehrere Programme zur Auswahl, die auch eine Zeitvorwahl des Gerätes ermöglichen. Das Kneten und Gehen lassen des Teiges erledigt das Gerät automatisch und übernimmt auch den Backvorgang. Der gesamte Ablauf kann daher bis zu 4 Stunden dauern.

Allerdings muss man spezifische Rezepte für den Brotbackautomaten einsetzen, d.h. bekannte Hausrezepte sind nicht auf dieses Gerät übertragbar, da die Zutaten-Kombinationen und die Flüssigkeitszugabe speziell abgestimmt sein müssen. So ist beispielsweise das Gelingen des Brotes maßgeblich von der verwendeten Hefe (Germ) und deren Aufgehverhalten abhängig. Auch Qualität sowie Beschaffenheit des Mehles wirkt auf das Ergebnis. Daher bieten einige Hersteller spezielle Backmischungen für Brotbackautomaten an, die ein gutes Gelingen gewährleisten.

Zwar können einzelne Modelle verschiedene Bräunungsgrade sowie Brotgrößen einstellen, dennoch ist die Varianz der Brotsorten auf ein kleines Spektrum begrenzt. Der Brotbackautomat „liebt" den Hefe (Germ)-Teig, die Zubereitung eines Vollsauer-Teiges ist daher oftmals gar nicht möglich, da hierfür ein Durchbacken nicht immer sichergestellt ist. Weizen- oder Vollkornbrote, aber auch Mischbrote mit Dinkel lassen sich - je nach Modell - gut zubereiten.

Sollten Sie einen Brotbackautomaten besitzen, so richten Sie sich bitte nach den Angaben in der Gebrauchsanweisung, die ihrem Gerät beiliegt. Spezielle, auf die

Gerätefunktionen abgestimmte Backbücher, sind bei den meisten Herstellern direkt erhältlich oder werden sogar zum Gerät mitgeliefert.

# Register

## Zu den Rezepten:

Die Temperaturangaben sind Richtwerte, die je nach Herdtyp abweichen können. Möchten Sie das jeweilige Rezept mit Heißluft zubereiten, so stellen Sie ca. 20 °C niedriger ein. Die Backzeiten bleiben in der Regel gleich. Bitte vergleichen Sie die Temperaturangaben vorab mit denjenigen in der Gebrauchsanweisung Ihres Herdes und stellen Sie ggf. etwas höher oder niedriger ein.

## Zum Gebrauch des Buches:

Bitte beachten Sie folgende Abkürzungen bei den Rezepten:

| | |
|---|---|
| EL | Eßlöffel |
| TL | Teelöffel |
| Msp | Messerspitze |
| g | Gramm |
| kg | Kilogramm |
| l | Liter |
| cl | Zentiliter |
| geh. | gehäuft |
| gem. | gemahlen |
| ger. | gerieben |
| gestr. | gestrichen |
| Pa. | Päckchen |

## Bildnachweis:

Robert Bosch Hausgeräte GmbH, München: Titel, 2, 12, 18/19, 43, 46
Gusto/Stefan Liewehr: Innentitel, 8, 41
Gusto/Dieter Brasch: 37
Gusto/Eisenhut & Mayer: 71
Unilever, Hamburg: 10, 69, 70
Neff GmbH, München: 13
Aurora-Mühlen, Hamburg: 21, 54/55, 78, 84/85
Niederl. Büro für Milcherzeugnisse: 24
Marcialis/StockFood, München: 29
CMA/Deutsche Butter: 33, 72/73
Bodo A. Schieren/StockFood, München: 35
USA Sonnenblumenkerne/Ketchum PR: 40/41, 50
Langnese-Iglo, Hamburg: 58
Susie Eising/StockFood, München: 61
Dr. Oetker, Bielefeld: 63
S&P Eising/StockFood, München: 66, 81
Meggle/Ketchum PR: 87
Deutscher Käse/Ketchum PR: 38

Autorin und Verlag danken den oben genannten Unternehmen für die umfangreiche und freundliche Bereitstellung des Bildmaterials.

Lektorat: Ursula Calis, München
Design & Produktion: Verlagsbüro Fritz Petermüller, Siegsdorf
Satz: SeiwaldMedia, Bernau
Lithos: Fotolitho Veneta, Verona

Verlagsnummer: 1735
ISBN 3-85491-166-1


Fax 0043 (0) 512/26 55 61-8
e-mail: kompass@kompass.at
http://www.kompass.at

# Spezialitäten!

KOMPASS *Küchenschätze*

## DEUTSCHLAND

1708 Bayerische Schmankerl
1711 Spezialitäten aus Mecklenburg und Vorpommern
1712 Spezialitäten aus Schleswig-Holstein und aus Hamburg
1713 Spezialitäten aus Thüringen
1714 Schwäbische Spezialitäten
1715 Fränkische Spezialitäten
1727 Berliner Spezialitäten

## ÖSTERREICH

1700 Österreichische Spezialitäten
1702 Österreichische Weihnachtsbäckerei
1703 Tiroler Spezialitäten
1704 Salzburger Spezialitäten
1705 Kärntner Spezialitäten
1706 Vorarlberger Spezialitäten
1707 Steirische Spezialitäten
1709 Wiener Spezialitäten
1710 Österreichische Mehlspeisen
1736 Das kleine Österreichische Kaffeebuch

## ITALIEN

1701 Südtiroler Spezialitäten
1737 Spezialitäten aus der Toskana
1754 Südtiroler Backrezepte

## VERSCHIEDENE THEMEN

1720 Knödel
1721 Natur-Heilschnäpse, Magenbitter und Liköre
1723 Heilkräuter für Leib und Seele
1724 Das kleine feine Backbuch
1725 Alte Hausmittel
1726 Pasta, Pizza und Risotto
1728 Aufläufe, Gratins, Quiches und Tartes
1729 Strudel & Blätterteig
1730 Das kleine Fischkochbuch
1731 Das kleine bunte Salatbuch
1732 Das kleine Pilzkochbuch
1733 Das kleine Käsekochbuch
1734 Vegetarisch Kochen
1735 Das kleine Buch vom Brotbacken
1738 Das kleine Buch vom Grillen
1739 Das kleine Buch vom Einmachen
1740 Köstliche Desserts
1741 Feine Suppen und Eintöpfe
1742 Das kleine Kürbis-Kochbuch

www.kompass.at